Karin Feuerstein-Praßer

Bettgeschichten

Das Schlafzimmer der Diane de Poitiers, der Mätresse König Heinrichs II., in Schloss Anet.

Karin Feuerstein-Praßer

Bettgeschichten

Schlafzimmergeheimnisse
aus fünf Jahrhunderten

Die Deutsche Nationalbibliothek verzeichnet diese Publikation
in der Deutschen Nationalbibliografie;
detaillierte bibliografische Daten sind im Internet über
http://dnb.dnb.de abrufbar.

Das Werk ist in allen seinen Teilen urheberrechtlich geschützt.
Jede Verwertung ist ohne Zustimmung des Verlages unzulässig.
Das gilt insbesondere für Vervielfältigungen,
Übersetzungen, Mikroverfilmungen und die Einspeicherung in
und Verarbeitung durch elektronische Systeme.

Der Theiss Verlag ist ein Imprint der WBG
(Wissenschaftliche Buchgesellschaft), Darmstadt.
© 2014 by WBG (Wissenschaftliche Buchgesellschaft), Darmstadt
Die Herausgabe des Werkes wurde durch
die Vereinsmitglieder der WBG ermöglicht.
Umschlaggestaltung: Jutta Schneider, Frankfurt am Main
Umschlagabbildung: „Liebespaar". Gemälde (1524/26) von Giulio Romano.
Foto: akg-images/Erich Lessing
Redaktion: Kristine Althöhn, Mainz
Satz: Janß GmbH, Pfungstadt
Gedruckt auf säurefreiem und alterungsbeständigem Papier
Printed in Germany

Besuchen Sie uns im Internet: www.wbg-wissenverbindet.de

ISBN 978-3-8062-2768-0

Elektronisch sind folgende Ausgaben erhältlich:
eBook (PDF): 978-3-8062-3000-0
eBook (epub): 978-3-8062-3001-7

Inhalt

Berühmte Affären berühmter Menschen oder:
Weltgeschichte im Unterrock 7

Verbotene Liebe im Mittelalter – Abaelard und Heloise 9

Im Bett mit einem Borgia – Die Liebschaften des Papstes
Alexander VI. 23

Im Bann der Marmorgöttin – Frankreichs König Heinrich II.
und seine Mätresse Diana von Poitiers 33

Seine Omnipotenz – Die Mätressen Augusts des Starken 43

Tödliche Affäre – Dänemarks Königin Karoline Mathilde und
der Leibarzt Struensee 59

Liebesgrüße aus St. Petersburg – Katharina die Große und
ihre Favoriten 77

Der Vielgeliebte – Preußenkönig Friedrich Wilhelm II. und
seine (Ehe-)Frauen 93

Der Spätzünder – Goethe und die Frauen 109

Mir ist so wohl in ihren Armen ... – Frauen um Adele Schopenhauer . . 127

Lieben muss ich, immer lieben ... – Ludwig I. von Bayern, schöne
Münchnerinnen und eine falsche Spanierin 143

Erst der Hofknicks – und dann ab ins Bett – Eduard VII. und die
schönen Damen der englischen High Society 159

Macht doch euren Dreck alleene! – Die Eskapaden der sächsischen
Kronprinzessin Luise 173

Literatur 189

Abbildungsnachweis 192

Berühmte Affären
berühmter Menschen oder:
Weltgeschichte im Unterrock

Unsere Geschichtsbücher sind wahrhaftig voll von Krisen, Kriegen und blutigen Konflikten, die unendlich viel Leid über die Menschen gebracht haben. „Bettgeschichten" hingegen tauchen in den offiziellen Chroniken eher selten auf. Dabei haben bisweilen auch heimliche Liebschaften, Affären und Seitensprünge prominenter Zeitgenossen „Geschichte geschrieben", selbst wenn darüber eher etwas abfällig berichtet wurde. Zu Recht? Nicht alle sind dieser Ansicht: *Ach glaubt mir, ihr tugendhaften Leute: Diese Weltgeschichte im Unterrock, wie ihr sie nennt, ist oft eine bessere Weltgeschichte als diejenige, welche in Pantalons daherstolziert und sich so träge, so gleichgültig zeigt.* Mit diesen Worten enden die Memoiren von Lola Montez, der skandalumwitterten Geliebten des bayerischen Königs Ludwig I. Ob es in diesem Fall tatsächlich die „bessere Weltgeschichte" war, sei dahingestellt. Schließlich hat die unselige Affäre mit der falschen Spanierin Ludwig letzten Endes den Thron gekostet.

Doch nicht alle „Bettgeschichten" waren so weltbewegend, dass sie gleich den Sturz eines Königs oder – wie im Fall Struensee – die Hinrichtung des Leibarztes zur Folge hatten. Eines aber ist ihnen gemeinsam: Im Gegensatz zur „Weltgeschichte in Pantalons" sorgten sie durch die Jahrhunderte für reichlich unterhaltsamen Gesprächsstoff, für Klatsch und Tratsch, seit jeher eine universelle Form der Kommunikation und wunderbares „soziales Schmiermittel". Schließlich lässt es niemanden kalt, wenn ein berühmter Theologe seine minderjährige Schülerin schwängert, der Papst den Vatikan in ein heimliches Liebesnest umwandelt oder die Kronprinzessin einfach mit dem Hauslehrer ihrer Kinder durchbrennt. Während die „Weltgeschichte in Pantalons" eher dazu neigt, die Herrschenden,

Reichen und Berühmten auf einen Sockel zu stellen, holt sie die „Weltgeschichte im Unterrock" zurück auf den Boden, in den Bereich des Menschlich-Allzumenschlichen. Ob das nun besser ist oder nicht – Blut ist in den „Bettgeschichten" jedenfalls nur ganz selten geflossen ...

Verbotene Liebe im Mittelalter –
Abaelard und Heloise

Das mittelalterliche Paris war Schauplatz einer der wohl tragischsten Liebesgeschichten aller Zeiten, die ihre Protagonisten Abaelard und Heloise „unsterblich" machte. Ein unseliges Gemisch aus Heimlichkeiten, Stolz, Ehrgeiz und Eitelkeit verhinderte ein versöhnliches Happy End und zerstörte das Leben der Liebenden auf unterschiedliche Weise.

Ganz so finster, wie mitunter angenommen wird, war das Mittelalter keineswegs. Die Menschen mochten damals vielleicht etwas frommer gewesen sein als heutzutage, doch was ihre Lüste und ihre Leidenschaften betraf, so unterschieden sie sich kaum von den Männern und Frauen der Moderne. Einige der mittelalterlichen Zeitgenossen hätten es sogar mit Leichtigkeit auf die Titelseiten der Boulevardpresse gebracht. Blicken wir daher zurück ins Paris zu Beginn des 12. Jahrhunderts ...

Damals war Paris noch längst nicht die quirlige Metropole, wie wir sie heute kennen. Die Hauptstadt Frankreichs, das damals kaum mehr als das Pariser Becken umfasste, war gerade erst dabei, über die Île de la Cité hinauszuwachsen. Anders als heutzutage bevorzugten die Pariser aber nicht die *rive gauche*, das Viertel links der Seine, sondern ließen sich eher am rechten Ufer nieder, dort, wo die Schiffe der Kaufleute anlegten und wo sich überhaupt die wirtschaftlichen Aktivitäten abspielten.

Die Besiedlung des linken Seine-Ufers vollzog sich viel langsamer und war zudem für eine ganz spezielle Gruppe besonders attraktiv: Professoren und Studenten der Domschule von Notre Dame, die der drangvollen Enge entfliehen wollten, die inzwischen auf der Île de la Cité herrschte. Dort hatten sie bislang in jenen Häusern gelebt, die sich direkt an den

Kreuzgang der Kathedrale anschlossen, weil hier auch der Unterricht stattfand.

Pierre Abaelard – der „Star" der *rive gauche*

Einer der Ersten, die damals ans linke Seine-Ufer zogen, war der berühmte Philosoph Wilhelm von Champeaux, eine Zeit lang das Idol der Pariser Studenten. Und doch war einer seiner Schüler bereits dabei, dem großen Meister den Rang abzulaufen: Pierre Abaelard (1079–1142), Sohn eines bretonischen Gutsherren. Nachdem Champeaux Paris 1113 verlassen hatte, um seine Karriere als Bischof von Châlons fortzusetzen, nahm Abaelard endgültig den Platz seines Lehrers ein und hielt gut besuchte Vorlesungen in Philosophie und Theologe. Selbstzufrieden schrieb er später in seiner autobiografischen Schrift „Die Geschichte meines Lebens": *Diese Lesungen fanden beim Publikum eine äußerst günstige Aufnahme, und man hörte bereits das Urteil, dass meine theologische Begabung in nichts hinter meiner philosophischen zurückbliebe. Die Begeisterung für meine Vorlesung in beiden Fächern vermehrte die Zahl meiner Schüler ganz erheblich.*

Damals erlebte Paris einen ungeheuren Zustrom an Studenten aus ganz Frankreich, die unbedingt den Ausführungen des berühmten Lehrers lauschen wollten. Für Abaelard zahlte sich das in zweifacher Hinsicht aus, nämlich auch finanziell, denn mit dem Ruhm kam der Reichtum. Schließlich ließ er sich für seine Vorlesungen gut bezahlen. Was aber machte seine Ausführungen so ungewöhnlich, dass es einen derartigen Ansturm gab? Dazu muss man sich noch einmal ins Gedächtnis rufen, dass das Mittelalter eine zutiefst religiöse Epoche gewesen ist, in der Gott allgegenwärtig war. Mystiker wie Bernhard von Clairvaux oder die deutsche Nonne Hildegard von Bingen waren bestrebt, Gottes Wesen und die Offenbarung durch Meditation und innere Einkehr unmittelbar zu erschauen. Doch nun erhielt die mittelalterliche Mystik „Konkurrenz" durch die Scholastik. Hatte Bernhard die Maxime ausgegeben: *Der Glaube der Frommen vertraut, er diskutiert nicht*, so gingen die Scholastiker wie Pierre Abaelard ganz neue Wege, indem sie versuchten, die christliche Offenbarung mit der menschlichen Vernunft in Einklang zu bringen. Dabei ging es darum, das Geglaubte mit dem Gewussten zu verknüpfen, das Bestreben, die Theologie durch philosophische Erkenntnisse logisch zu begründen und zu untermauern. Der wortgewandte Abaelard brachte es darin zur Meisterschaft.

Heloise – das Objekt der Begierde

Abaelard stand nicht nur in dem Ruf, ein begnadeter Philosoph und fantastischer Redner zu sein, er sah obendrein auch noch blendend aus. Und da ihn keinerlei Selbstzweifel plagten, war er sich seiner charismatischen Ausstrahlung – auch und gerade auf das „schöne Geschlecht" – nur allzu gut bewusst: *Ich hatte einen derartigen Ruf, ich war mit solcher Jugend und Schönheit begnadet, dass ich keine Zurückweisung fürchten zu müssen glaubte, wenn ich eine Frau meiner Liebe würdigte, mochte sie sein, wer sie wollte.*

Die Sache hatte nur einen Haken: Bislang hatte sich Abaelard nach eigenen Worten *äußerster Enthaltsamkeit befleißigt.* Wie alle Gelehrten seiner Zeit hatte nämlich auch er die niederen Weihen erhalten und war damit zum Kleriker geworden. Das bedeutete zwar nicht unbedingt, dass er an den Zölibat gebunden war, doch wollte er seine Karriere nicht gefährden, dann war es ratsam, die Finger von den Frauen zu lassen und unverheiratet zu bleiben. Nur so hatte er Chancen, später Karriere beim Klerus oder am Königshof zu machen. Und Abaelard war nicht nur eitel, er war auch ungemein ehrgeizig.

Inzwischen aber ging er so langsam auf die vierzig zu, erlebte möglicherweise eine Art Midlife-Crisis, die ihn zu der späten Erkenntnis veranlasste, dass es außer Geld und Ruhm im Leben noch etwas anderes geben musste.

Eines Tages anno 1117, als sich seine Studenten in den Kreuzgängen von Notre Dame um die besten Plätze stritten, um den Vorlesungen des Meisters zu lauschen, entdeckte Abaelard unter seinen Zuhörern ein ungewöhnlich hübsches junges Mädchen, das von nun an häufiger zu seinen Vorlesungen kam und ihn mit seiner Anwesenheit erheblich verwirrte. So sehr, dass er, statt sich mit den diversen Widersprüchen der Kirchenväter zu beschäftigen, nur noch über die eine Frage nachgrübelte: Wie kann ich dieses bezaubernde Geschöpf näher kennen lernen?

Die schöne Unbekannte, das fand Abaelard bald heraus, hieß Heloise (1100–1163). Das Objekt seiner Begierde war noch minderjährig und lebte bei ihrem Onkel, dem Domherrn Fulbert. Für ein junges Mädchen ihrer Zeit war Heloise außergewöhnlich gebildet. Im Mittelalter konnten nur die wenigsten Frauen lesen und schreiben, und die meisten von ihnen waren Nonnen. Nun hatte auch Heloise in Argenteuil eine Klosterschule besucht, ohne jedoch in den Orden einzutreten, hatte dort nicht nur Latein gelernt, sondern auch die Grundlagen des Hebräischen. Eigentlich wollte sie ihre Studien weiter fortsetzen, doch nachdem sie den berühmten Abaelard mit eigenen Augen gesehen hatte, konnte sie an nichts anderes mehr denken als nur an ihn ...

Untermieter bei Onkel Fulbert

Auch wenn er von Heloises Gefühlen noch nichts ahnte, war der eitle Philosoph schon einen Schritt weiter: *Darum gedachte ich, sie in Liebesbande zu verstricken, und am Gelingen zweifelte ich keinen Augenblick. War ich doch hoch berühmt und jugendlich anmutig und brauchte von keiner Frau eine Ablehnung zu befürchten.* Nun konnte er Heloise aber nicht so einfach ansprechen, das wäre nun doch zu unschicklich gewesen. Also sann er nach einer Möglichkeit, um das schöne junge Mädchen auf eine möglichst unverfängliche Art und Weise näher kennen zu lernen. Da kam Abaelard eine brillante Idee, die freilich mit einer gewissen kriminellen Energie verbunden war: Unter dem Vorwand, er suche eine neue Unterkunft mit Kost und Logis, mietete er sich bei dem ahnungslosen Onkel Fulbert ein Zimmer und bot ihm neben der Mietzahlung obendrein noch an, seiner wissbegierigen Nichte kostenlosen Unterricht zu erteilen. Er selbst schreibt darüber in seiner Autobiografie: *Ich trat, durch die Vermittlung einiger Freunde ihres Onkels, mit diesem in Beziehung. Sie bewegten ihn dazu, mich in sein Haus, das ganz in der Nähe meiner Schule lag, gegen einen Pensionspreis, den er festlegen würde, aufzunehmen. Ich gebrauchte dabei den Vorwand, dass mir bei meinem Gelehrtenberuf die Sorge für mein leibliches Wohl hinderlich sei und mich auch teuer zu stehen komme. Fulbert liebte das Geld; dazu kam, dass er darauf bedacht war, seiner Nichte zu helfen, in ihrem Streben nach Gelehrsamkeit möglichst große Fortschritte zu machen. Indem ich seinen beiden Leidenschaften schmeichelte, erhielt ich ohne Mühe seine Zustimmung und erreichte das, was ich wollte.*

Fulbert ging auf das scheinbar großzügige Angebot so arglos ein, dass selbst Abaelard darüber staunte, wie leicht ihm das gemacht wurde, was wir heute als „Unzucht mit Abhängigen" bezeichnen würde: *Dieses Maß an Harmlosigkeit verwunderte mich doch erheblich; ich konnte nicht verblüffter sein, wenn er sein zartes Lämmchen einem heißhungrigen Wolf zum Hüten gegeben hätte.*

Die Wonnen der Liebe

Heloise war damals 17 oder 18 Jahre alt, ein unschuldiges junges Mädchen, das sich jedoch bis über beide Ohren in den smarten Abaelard verliebt hatte. Sonderlich große Verführungskünste musste der Philosoph daher nicht anwenden. Wenn es stimmt, was er in seinen Erinnerungen schreibt, dann entdeckte er mit Heloise die Wonnen der Liebe, während Onkel Fulbert glaubte, er erteile seiner Nichte Philosophieunterricht. Doch davon konnte keine Rede sein: *der Küsse waren mehr als der Sprüche.*

Natürlich blieb es nicht beim Küssen allein, wie Abaelard uns recht detailliert mitteilt: *Unter dem Deckmantel der Wissenschaft gaben wir uns ganz der Liebe hin. Die Unterrichtsstunden verschafften uns die Gelegenheit zu den geheimnisvollen Gesprächen, wie sie Liebende herbeisehnen; die Bücher waren geöffnet, aber in den Unterricht mischten sich mehr Worte der Liebe als der Philosophie, mehr Küsse als weise Sprüche; nur allzu oft verirrte sich die Hand von den Büchern weg zu ihrem Busen, und eifriger als in den Schriften lasen wir in des anderen Augen ... Was soll ich noch sagen? Die ganze Stufenleiter der Liebe machte unsere Leidenschaft durch, und wo die Liebe eine neue Erzückung erfand, haben wir sie genossen.*

Doch auch Heloise befand sich ganz im Taumel der Sinneslust: *Welche Fürstin, welche hohe Dame beneidete mich nicht um meine Freuden, um das Lager meiner Liebe?*, schrieb sie Jahre später in einem ihrer Briefe. *Jene Wonnen der Liebenden, die wir miteinander genossen, waren mir so süß, dass sie mir weder missfallen noch aus dem Gedächtnis schwinden können. Wohin ich mich wende, immer stehen sie mir vor Augen und wecken sehnsüchtiges Verlangen. Mitten im feierlichen Hochamt, wo das Gebet reiner sein soll als sonst, haben mein armes Herz so ganz jene wollüstigen Fantasiegebilde eingenommen, dass ich nur für ihre Lüsternheit offen bin, nicht für das Gebet.*

Für Abaelard hatten die erotischen Erlebnisse aber auch eine Schatten-seite: *Je mehr mich die Leidenschaft der Sinnesfreuden überschwemmte, desto weniger dachte ich an Studium und Schule. Es war für mich ein gewaltiger Verdruss, dorthin zu gehen oder dort zu bleiben. Meine Nächte gehörten der Liebe, meine Tage der Arbeit. Meine Vorträge waren gleichgültig und matt. Ich wiederholte fast nur meine alten Lesungen, und wenn ich dann und wann noch imstande war, ein Lied zu dichten, so war es Minne, nicht die Philosophie, die es mir eingab.*

Die Nächte gehörten der Liebe? Und Onkel Fulbert soll nichts von dem sinnlichen Treiben mitbekommen haben, das sich da unter seinem Dach ab-spielte? Kaum vorstellbar, aber ganz offenbar ist es so gewesen. Entweder hatte er einen besonders tiefen Schlaf oder sein Vertrauen in Heloise und den illustren Pensionsgast war so groß, dass er alle Signale übersah und überhörte. Vielleicht war beides der Fall. Oder auch nicht? Eines Tages näm-lich erwischte der Onkel das heimliche Liebespärchen in flagranti! So un-verhofft und unmissverständlich mit den nackten Tatsachen konfrontiert, brach für Fulbert eine Welt zusammen oder, wie es Abaelard formulierte: *Ach, wie zerriss diese Entdeckung dem Oheim das Herz!*

Ungeplanter Nachwuchs

Kein Wunder, dass Abaelard nun achtkantig aus dem Haus geworfen wurde und gezwungen war, sich irgendwo eine neue Bleibe zu suchen. Aber jetzt, da er allein in einem Zimmer irgendwo auf Île de la Cité hockte, scheint ihm zum ersten Mal bewusst geworden zu sein, wie viel ihm Heloise tatsächlich bedeutete, nicht nur als „Bettschatz", wie es Goethes Mutter formuliert hätte: *Allein die Trennung befestigte nur das Band unserer Herzen, und unsere Liebe wurde umso glühender, je mehr ihr die Be-friedigung fehlte.*

Während Abaelard also feststellte, dass er wohl ehrlich in Heloise verliebt war, machte die junge Frau eine ganz andere Entdeckung: Sie war schwanger! Jetzt war guter Rat teuer. Ein uneheliches Kind brachte schließlich Schande über die ganze Familie. Das konnte sie dem guten Onkel Fulbert auf keinen Fall antun! (Ob Heloises Eltern damals noch lebten, ist nicht bekannt.)

Als Heloise ihrem Geliebten die „frohe Botschaft" überbrachte, reagierte

Abaelard derart entsetzt, als hätte er die Möglichkeit einer Schwangerschaft niemals in Betracht gezogen. Seine größte Sorge aber galt – wieder einmal – sich selbst. Eigentlich hätte man erwarten können, dass er unverzüglich um Heloises Hand angehalten hätte, um die junge Frau nicht zu kompromittieren. Doch Abaelard wies jeden Gedanken an Heirat weit von sich, schließlich wollte er doch nicht seine großartige Karriere aufs Spiel setzen. Noch standen ihm alle Wege offen; er konnte die geistliche Laufbahn einschlagen, Bischof werden, wie es Wilhelm von Champeux getan hatte, oder am Hof als königlicher Berater, vielleicht auch als Prinzenerzieher tätig sein. Der Gang vor den Traualtar aber würde all diese wundervollen Aussichten mit einem Schlag zunichtemachen. Um Zeit zu gewinnen, beschloss Abaelard, die schwangere Heloise erst einmal heimlich aus Paris fortzuschaffen. In einer Nacht-und-Nebel-Aktion brachte er sie – natürlich mit ihrem Einverständnis – zu seiner Schwester in die Bretagne.

Dann kehrte er nach Paris zurück, als sei nichts geschehen, und nahm seinen Unterricht in den Kreuzgängen der Kathedrale von Notre Dame wieder auf. Die Zeit verging und Abaelard scheint froh gewesen zu sein, dass er sein „altes Leben" zurückbekommen hatte. Inzwischen brachte Heloise in der fernen Bretagne ihr Kind zur Welt, einen Sohn, dem sie den programmatischen Namen Astralabe gab, was so viel heißt wie: Der nach den Sternen greift.

Hätte Abaelard die Wahl gehabt, dann hätte wohl alles so weitergehen können. Doch in Paris kursierten inzwischen böse Gerüchte, denn das Verschwinden von Heloise war natürlich nicht unbemerkt geblieben. Vielleicht plagte Abaelard das Gewissen, wahrscheinlich hatte er aber nur Angst um seinen guten Ruf. Auf jeden Fall entschloss er sich etwa ein halbes Jahr nach der Geburt seines Sohnes, Onkel Fulbert aufzusuchen und ihn um Verzeihung zu bitten. Er selbst stellt den Sachverhalt folgendermaßen dar: *Zuletzt aber bekam ich selbst Mitleid mit dem übermäßigen Schmerz des Mannes, auch machte ich mir Gewissensbisse über die Art und Weise, wie ich ihn um meiner Liebe willen hintergangen hatte. Ich bat ihn um Vergebung und bot ihm jede beliebige Entschädigung an.*

Doch so leicht ließ sich Onkel Fulbert nicht beruhigen. Er war wütend und gekränkt, sorgte sich um den guten Ruf seiner Nichte und forderte Abaelard auf, Heloise unverzüglich zu heiraten. Tatsächlich einigten sich beide Männer auf einen wahrhaft faulen Kompromiss: *Um ihn noch besser zu besänftigen, bot ich ihm eine Genugtuung an, die alles übertraf, was er hatte erhoffen können. Ich schlug ihm vor, jene, die ich verführt hatte, unter der einzigen Bedingung zu ehelichen, dass die Heirat geheim gehalten würde, damit sie meinem Ruf nicht schade.* Die Arroganz und Selbstgefälligkeit, die aus diesen Zeilen sprechen, werfen wahrhaftig kein gutes Licht auf den berühmten Philosophen. Doch was blieb Onkel Fulbert anderes übrig, als das Angebot anzunehmen, das für seine Nichte und ihr Kind das Beste zu sein schien.

Windeln und Kindergeschrei? – Nein, danke!

Abaelard machte sich jedenfalls umgehend auf den Weg in die Bretagne, um Heloise mit einem – wenn auch etwas abgespeckten – Heiratsantrag zu überraschen. Doch statt ihm jubelnd um den Hals zu fallen, reagierte sie völlig unerwartet: Eine Hochzeit, erklärte sie ihm, käme für sie überhaupt nicht infrage. Nein, sie wollte auch weiter seine Geliebte bleiben, um die besondere Qualität der Beziehung zu bewahren, vor allem aber aus Rücksicht auf den berühmten Philosophen selbst: *Denkt nur an die Lage, in die euch eine rechtmäßige Verbindung brächte!,* schrieb Heloise. *Was für ein Durcheinander! Schüler und Kammerzofen, Schreibtisch und Kinderwagen! Bücher und Hefte beim Spinnrocken, Schreibrohr und Griffel bei den Spindeln. Welcher Mann kann sich mit der Betrachtung der Schrift oder dem Studium der Philosophie abgeben und dabei das Geschrei der kleinen Kinder, den Singsang der Amme, die sie beruhigen soll, die geräuschvolle Schar männlicher und weiblicher Dienstboten hören? Wer mag die Unreinlichkeit kleiner Kinder ertragen?*

Heloises Selbstlosigkeit in allen Ehren – aber Abaelard hatte ohnehin nie an so etwas wie ein normales Familienleben gedacht. Er war zwar bereit, Heloise zu heiraten, doch danach sollte alles so bleiben wie bislang. Frau und Kind sollten in der Bretagne leben, während er in Paris blieb und die kleine Familie nur hin und wieder besuchte. Gewiss hätte auch Abaelard alles so belassen, denn er fand Heloises Argumentation natürlich völlig zutreffend. Aber er hatte Onkel Fulbert sein Ehrenwort gegeben. Das durfte er keinesfalls brechen, wollte er seinen Ruf nicht völlig ruinieren. Das scheint er Heloise eindrücklich klargemacht zu haben, sodass sie schließlich in die heimliche Heirat einwilligte.

Wir ließen also unser junges Kind in der Obhut meiner Schwester und kehrten heimlich nach Paris zurück, berichtet Abaelard in seiner Lebensgeschichte. *Einige Tage später empfingen wir im Beisein des Onkels von Heloise und mehrerer seiner und unserer Verwandten den ehelichen Segen; dann trennten wir uns alsbald – jeder ging still seines Weges, und von da an sahen wir uns nur noch in großen Abständen und verstohlen, um unsere Ehe so geheim wie nur irgend möglich zu halten.*

Heloise kehrte zu ihrem Sohn in die Bretagne zurück und Abaelard hielt wie gehabt seine gut besuchten Vorlesungen in den Kreuzgängen von Notre Dame. Eigentlich hätte die unselige Liebesgeschichte damit enden können, aber dann wären Abaelard und Heloise gewiss nicht „unsterblich" geworden. Dazu gehört schließlich die richtige Mischung aus Sex and Crime ...

In Paris wurde derweil munter weiter getuschelt und Domherr Fulbert natürlich immer wieder nach dem Verbleib seiner Nichte gefragt. Irgendwann scheint ihm die ganze Geheimnistuerei auf die Nerven gegangen zu sein – und er plauderte freimütig aus, dass Heloise nun mit dem berühmten Philosophen Abaelard verheiratet sei. Damit aber hatte Fulbert nicht nur sein Versprechen gebrochen, er setzte, ohne es zu wollen, eine Kette äußerst unerfreulicher Ereignisse in Gang.

Böses Erwachen

Jetzt nämlich wusste ganz Paris Bescheid, dass Abaelard verheiratet war. Wieder geriet der Meister in Panik. Er hatte fest daran geglaubt, dass niemand sein Geheimnis ausplaudern und die schöne Heloise mit der Zeit in Vergessenheit geraten würde. Jetzt aber sah er nur eine Lösung: Seine Frau musste für immer aus der Öffentlichkeit verschwinden. Nur so würde es keinen Beweis für seine heimliche Heirat geben. Er beschloss daher 1119, Heloise in einer erneuten Nacht-und-Nebel-Aktion aus der Bretagne fortzuschaffen und sie in einem Kloster zu verstecken: *Als ich davon erfuhr, brachte ich Heloise in das Nonnenkloster Argenteuil bei Paris, wo sie in ihrer früheren Jugend aufgezogen und unterwiesen worden war, und ich veranlasste sie dazu, die Gewandung anzulegen, die das Klosterleben erfordert – mit Ausnahme des Schleiers.*

Heloise war keineswegs damit einverstanden, dass sie nun hinter den Klostermauern von Notre-Dame d'Argenteuil verschwinden sollte, auch wenn sie zunächst kein Gelübde abzulegen brauchte. Allein aus Liebe zu Abaelard und Rücksicht auf seine Karriere war sie bereit, dieses große Opfer zu bringen. Dass der kleine Astralabe jäh von seiner Mutter getrennt wurde und bei seiner Tante in der Bretagne zurückbleiben musste, darauf konnte und wollte Abaelard keine Rücksicht nehmen. Es ging ihm immer nur um sich selbst.

Dass Heloise jetzt im Kloster der Benediktinerinnen lebte, in dem sie auch ihre Ausbildung erhalten hatte, war für den Philosophen aber offenbar kein Grund, von nun an auf den Genuss der körperlichen Liebe zu verzichten. Ein Brief, den er später an Heloise schickte, offenbart nämlich sehr aufschlussreiche Details: *Ihr erinnert Euch: Als Ihr nach unserer Verheiratung bei den Nonnen im Kloster von Argenteuil lebtet, kam ich einmal zu heimlichem Besuch zu Euch, und Ihr wisst wohl noch, wie weit ich mich in meiner unbändigen Leidenschaft mit Euch vergaß, und zwar in einem Winkel des Refektoriums selber, da wir sonst keinen Ort hatten, wohin wir uns hätten zurückziehen können. Ihr wisst, dass die Ehrfurcht vor einem der Heiligen Jungfrau geweihten Ort unsere Unzucht nicht aufhielt.*

Unterdessen hatte auch Domherr Fulbert erfahren, dass seine Nichte Heloise inzwischen im Kloster lebte. Unter anderen Voraussetzungen hätte er das vielleicht befürwortet, doch dass man eine junge Mutter von ihrem kleinen Kind trennte, war einfach unverzeihlich. Und natürlich steckte auch diesmal kein anderer als dieser verdammte Abaelard dahinter. Für den Philosophen hingegen schien es sich eindeutig um ein Missverständnis zu handeln: *Nun aber glaubten Fulbert und seine Verwandten, ich hätte sie jetzt erst recht hintergangen und Heloise zur Nonne gemacht, um sie loszuwerden.* Doch war es nicht tatsächlich so? Wie auch immer – für Onkel Fulbert war das Maß jetzt endgültig voll. Er beschloss, Abaelard für seine hinterhältigen Gemeinheiten so zu bestrafen, dass er es sein Lebtag nicht vergessen würde – gewissermaßen nach alttestamentarischem Gebot: Auge um Auge, Zahn um Zahn. Also machte sich der Onkel zusammen mit ein paar Freunden auf den Weg zu Abaelards Haus, um an dem *heißhungrigen Wolf* Rache zu nehmen, und zwar *so grausam und beschämend, dass die Welt erstarrte.*

Doch lassen wir Abaelard selbst zu Worte kommen: *Während ich zu Hause in meinem abgelegenen Schlafzimmer ruhte, führte sie einer meiner um teures Geld bestochener Diener herein und sie unterwarfen mich der grausamsten und schmachvollsten aller Rachen. Sie schnitten mir vom Leib die*

Organe ab, mit denen ich sie gekränkt hatte. Dann ergriffen sie die Flucht. Mit anderen Worten: Man hatte Abaelard kastriert. Mit der Liebe, zumindest mit der körperlichen, war es jetzt ein für alle Mal vorbei.

Die Nachricht von der grausamen Verstümmelung des berühmten Philosophen verbreitete sich in Paris wie ein Lauffeuer. Viele kamen zu Abaelard, um ihm ihr Mitgefühl zu bekunden, was diesem gar nicht recht war: *Hauptsächlich die Kleriker und ganz besonders meine Schüler vermehrten meine Qual durch ihre unerträglichen Klagen; ihr Mitleid war mir schmerzlicher als meine Wunde selber; ich spürte mehr meine Schande als meine Verstümmelung, die Verwirrung bedrückte mich mehr als der Schmerz.* Man kann sich gut vorstellen, wie elend Abaelard sich fühlte. Statt seinen brillanten Geist zu bewundern, beklagte man nun den traurigen Zustand seines Körpers. Welche Schmach für den großen Philosophen: *Welchen Ruhm genoss ich eben noch; mit welcher Leichtigkeit war er im Handumdrehen erniedrigt und zerstört worden.* Mitleid hin oder her – hinter seinem Rücken spottete man über Abaelard, den Mann, der seine Männlichkeit für immer verloren hatte.

Abaelards Stern erlöscht

Abaelard hielt es daher für ratsam, sich aus der Öffentlichkeit zurückzuziehen, so wie er auch Heloise aus der Öffentlichkeit entfernt hatte: *Wir traten also zur gleichen Zeit in ein Kloster ein, ich in die Abtei von St. Denis, sie auf das Kloster von Argenteuil.* Und damit Heloise nur ja nicht auf die Idee kam, „in die Welt" zurückzukehren, übte Abaelard wohl erheblichen Druck auf seine Ehefrau aus, sodass diese tatsächlich den Schleier nahm, das Gelübde Armut, Keuschheit und Gehorsam ablegte, um so ihr ganzes Leben bei den Benediktinerinnen von Argenteuil zu verbringen. Anders Abaelard. Der hielt es in dem berühmten Pariser Kloster nämlich nicht lange aus. Eingebildet und selbstgefällig wie er war, überwarf er sich schon nach kurzer Zeit mit dem Abt von St. Denis und siedelte in eine Klause in der Champagne über, um dort seine Lehrtätigkeit fortzusetzen. Doch nur ein Jahr später findet man Abaelard in der nahe gelegenen Einsiedelei Le Paraclet wieder, bevor er um 1125 ins Kloster St. Gildas in der Bretagne einzog. Hier hatte man den berühmten Philosophen zum Abt ernannt, was sich jedoch als keine gute Entscheidung erwies. Er eckte überall an. Bei Abaelard hatte sich

immer nur alles um sich selbst gedreht, doch die Leitung einer Mönchs-
gemeinschaft erforderte ganz andere Qualitäten als die, die seine Karriere
begründet hatten. Es dauerte nicht lange, bis er mit den Klosterbrüdern völlig zerstritten war. Abaelards Stern, der einst so hell gestrahlt hatte, begann
zu verblassen. Mit seinen kühnen theologischen Thesen hatte er sich seit
jeher auf einem schmalen Grat zur Häresie bewegt. Auf dem Konzil von
Soissons 1121 war er von seinen zahlreichen Gegnern der Ketzerei beschuldigt worden und sein Werk „Theologica" wurde daraufhin verboten.

Eine Liebe ohne Grenzen

Auch Heloises Leben war zerstört, wenngleich sie es inzwischen zur Priorin
ihres Konvents in Argenteuil gebracht hatte. Auf ewig getrennt von ihrem
Sohn musste sie den Rest ihrer Tage hinter Klostermauern verbringen und
konnte nicht aufhören, ihrer großen Liebe nachzutrauern. Doch der Kontakt zu Abaelard war keineswegs abgerissen. Schließlich hatten beide ein
gemeinsames Kind, um dessen Wohlergehen und dessen Zukunft sie sich
kümmern mussten. (Über das weitere Schicksal von Astralabe ist kaum
etwas bekannt. Anders als seine berühmten Eltern ist der Sohn sang- und
klanglos aus der Geschichte verschwunden.)

Aber auch darüber hinaus bleiben die Eheleute miteinander verbunden. Als Heloise und ihre Nonnen aus Argenteuil vertrieben wurden, weil
man sie der Unsittlichkeit beschuldigte, bot Abaelard sofort seine leer ste-
hende Einsiedelei Le Paraclet als Zuflucht an. Hier musste Heloise noch
einmal ganz von vorne anfangen, und die Lebensumstände dürften alles
andere als komfortabel gewesen sein. Vermutlich lebten die Nonnen zunächst in bescheidenen Lehmhütten, die einst von Abaelards Studenten
errichtet worden waren.

Aufrechterhalten wurde der Kontakt zu ihrem Ehemann auch durch
einen intensiven Briefwechsel, in dem Heloise nicht müde wurde, ihre un-
vergängliche Liebe zu bezeugen: *Du weißt wohl, dass Du mir verpflichtet bist:
Ist es doch das Sakrament der Ehe, das uns verbunden hält, ein umso engeres
Band für Euch, als ich Dich immer im Angesicht des Himmels und der Erde
mit einer Liebe ohne Grenzen geliebt habe.*

Doch daneben ist in Heloises Briefen auch eine gewisse Verbitterung zu spüren: *Ich hatte fälschlich geglaubt, Deinen besonderen Dank verdient zu haben, da ich mich in allem nur danach richtete, Dir zu gefallen und Dir bis heute mehr denn je gehorsam geblieben bin. Denn nicht fromme Hingabe, sondern Du hast mich in blühender Jugend ins harte Klosterleben gestoßen. Jetzt begreife ich, dass mein ganzer Schmerz, wenn ich mir damit nicht Deinen Dank verdiene, vergeblich ist. Ich weiß wohl, dass ich von Gott keinen Lohn erwarten kann, denn es steht fest, dass ich bisher nichts aus Liebe zu ihm getan habe. Du hast mir befohlen, das Gelübde abzulegen, und mich gezwungen, den Schleier zu nehmen und Nonne zu werden, noch bevor Du Dich selbst Gott weihtest, und wegen Deines fehlenden Vertrauens brennen Schmerz und Scham immer noch in mir. Gott weiß es, auf Deinen Befehl hätte ich nicht gezögert, Dir selbst ins Feuer voranzugehen oder zu folgen, denn mein Herz war nicht mehr mein, sondern bei Dir. Und auch heute lebt mein Herz nur dann, wenn es bei Dir ist.*

Im Tode vereint

Nun könnte man annehmen, dass Abaelard inzwischen in sich gegangen wäre und womöglich eingesehen hätte, wie egoistisch er gehandelt hatte. Doch nichts von alledem. Seine Antworten auf Heloises Briefe klingen eher kaltherzig, fast zynisch. Dass er sie gezwungen hat, „den Schleier zu nehmen", hielt er für eine richtige Entscheidung, da sie ja so nicht nur den „Weg der Gottesliebe" eingeschlagen hatte, sondern als Priorin des Klosters auch ihr vielfältiges Wissen unter Beweis stellen konnte. Dass es der klugen Heloise aber weniger um ihren Verstand, als um ihre tiefen Gefühle für Abaelard ging, hat der berühmte Philosoph wohl nie recht begriffen.

Abaelards letzte Lebensjahre waren von weiteren Misserfolgen überschattet. Die Zahl seiner Bewunderer nahm spürbar ab, während sich die seiner Kritiker zunehmend vergrößerte. 1140 wurde er von Bernhard von Clairvaux, dem Gründer des Zisterzienserordens, ein weiteres Mal der Häresie beschuldigt, weil er mit seinen Ausführungen die Wahrheit des christlichen Glaubens gefährdete. Seine letzten Lebensjahre verbrachte Abaelard krank und verbittert in dem zu Cluny gehörenden Priorat St. Marcel bei Châlon-sur-Saône, wo ihm Petrus Venerabilis, der Abt von Cluny, Asyl geboten hatte. Hier starb Pierre Abaelard 1142 im Alter von 63 Jahren.

Das Grabmal von Abaelard und Heloise auf dem Cimetière du Père-Lachaise in Paris, 1817 aus spätmittelalterlichen Spolien zusammengesetzt.

Auf Heloises ausdrücklichen Wunsch ließ Petrus Venerabilis den Leichnam ins Kloster Le Paraclet überführen und übergab ihn seiner Witwe, die ihn in der kleinen Kapelle beisetzen ließ. So hat der Tod die beiden Liebenden wieder vereint. Als Heloise 1164 selbst starb, fand sie neben Abaelard ihre – wenn auch nicht letzte – Ruhestätte. 1497 wurden die Gebeine der beiden Verstorbenen in die neu errichtete Abteikirche des Paraclet überführt, bis man sie während der Wirren der Französischen Revolution und nach der Aufhebung des Klosters 1792 in der Pfarrkirche St. Laurent in Nogent-sur-Seine in Sicherheit brachte.

Seit 1817 ruhen Abaelard und Heloise in einem gemeinsamen Grab auf dem berühmten Pariser Friedhof Père-Lachaise, und noch heute pilgern zahlreiche Menschen dorthin, um in Gedenken an das wohl unglücklichste Liebespaar des Mittelalters Blumen abzulegen.

Im Bett mit einem Borgia –
Die Liebschaften des Papstes Alexander VI.

Welche Geheimnisse sich auch immer hinter den Mauern des heutigen Vatikans verbergen mögen, eines ist sicher: Ausgelassene Familienfeste mit Musik und Tanz finden hier garantiert nicht statt, von sinnlichen Vergnügungen ganz zu schweigen. Vor rund 500 Jahren aber sah das ganz anders aus. Die Renaissance-Päpste waren dem Weltlichen keineswegs abgeneigt und frönten einem Lebensgenuss, zu dem selbstverständlich auch die Anwesenheit schöner Frauen gehörte. Der Borgia-Papst Alexander VI. machte aus dem Vatikan sogar ein – mehr oder weniger – heimliches Liebesnest.

Kardinäle und Konkubinen, Priester und Prostituierte – schöne Zustände waren das! Sodom und Gomorrha, im Rom der Renaissance ging es drunter und drüber. Hatte denn noch niemand etwas vom Zölibat gehört? Nun, genau genommen hat keiner dieser geistlichen Herren gegen das Gebot des Zölibats (*lat. caelebs = unvermählt*) verstoßen, schließlich waren sie ja nicht verheiratet.

Die Einhaltung des Zölibats wurde vom römisch-katholischen Klerus schon seit dem 5. Jahrhundert verlangt. Theologisch basiert er auf der asketischen Überzeugung, dass die Ehelosigkeit „um des Himmelreichs willen" (Mt.19,12) einen Zustand der Vollkommenheit und kultischen Reinheit darstellt. Dennoch vermochte sich der Zölibat nur langsam durchzusetzen. Erst auf dem Zweiten Laterankonzil 1139 wurde die Ehelosigkeit zur unabdingbaren Voraussetzung für die Priesterweihe gemacht. Trotzdem gab es immer wieder Versuche, diese Bestimmung aufzuheben, bis der Zölibat nach dem Konzil von Trient (1545–1563) schließlich voll zur Geltung kam. Wie wir sehen werden, hat Letzteres in gewisser Weise auch mit Papst Alexander VI. zu tun ...

Der Vatikan im Glanz der Renaissance

Die italienische Renaissance steht für Kunst, Kultur, Weltoffenheit, Bildung und einen Lebensgenuss, der sich mit einer gewissen Lässigkeit sogar über die Verbote der Theologie hinwegsetzte. Zumindest im Hinblick auf das weibliche Geschlecht. So ist es nicht weiter verwunderlich, dass diese Epoche auch dem Vatikan einen bislang völlig unbekannten Glanz verlieh. Es waren durchaus genussfreudige Kirchenfürsten, die damals den Heiligen Stuhl bestiegen, alles andere als moralinsaure Asketen. Kunstgenuss und weltliches Vergnügen hielten Einzug in den Papstpalast. Man delektierte sich an üppigen Banketten, musikalischen Veranstaltungen und prächtigen Theateraufführungen. Unter die illustren Gäste mischten sich jetzt ganz selbstverständlich die Verwandten des Papstes, nicht nur Brüder und Neffen, sondern auch Schwestern und Nichten. Durch die Anwesenheit der Frauen änderte sich die Atmosphäre im Vatikan von Grund auf und wurde – ähnlich wie an den weltlichen Fürstenhöfen – von Galanterie, Glanz und erotischer Freizügigkeit bestimmt. Kein Wunder, dass bei so viel attraktiver Weiblichkeit auch die standhaftesten Herren schwach wurden. Es galt schließlich als offenes Geheimnis, dass sich kaum einer der Geistlichen an das Keuschheitsgebot hielt. Während sich die einen im römischen Dirnenviertel mit Prostituierten vergnügten, lebten andere in einer längeren Beziehung mit einer Frau zusammen. Solche Liebschaften waren an der Tagesordnung, selbst bei den Angehörigen des hohen Klerus. Es war allerdings üblich, dass das Zusammenleben mit einer Frau ein Ende fand, wenn der Betreffende zum Papst erhoben wurde. Doch keine Regel ohne Ausnahme – und die machte Alexander VI., der 1492 den Heiligen Stuhl bestieg.

Rasante Karriere

Noch heute ranken sich um den Renaissance-Papst Alexander VI. (1430–1503) die wildesten Gerüchte. Die Legende – und der römische Hofklatsch – haben aus ihm ein wahres Monster gemacht, das nicht nur mit der eigenen Tochter den Beischlaf vollzogen, sondern auch mit dem Teufel paktiert

Die Liebschaften des Papstes Alexander VI.

haben soll, der schließlich am päpstlichen Sterbebett gewartet habe, um sich der schwarzen Seele des Heiligen Vaters zu bemächtigen ...

Ganz so wild ging es damals im Vatikan natürlich nicht zu. Dennoch ist Alexander VI. ganz ohne Zweifel die schillerndste Erscheinung unter den römischen Renaissance-Päpsten. Der gebürtige Spanier Rodrigo Borgia entstammte einem eher unbedeutenden Adelsgeschlecht und schien zunächst keine Aussicht auf eine glänzende Karriere zu haben. Das änderte sich jedoch, als sein ambitionierter Onkel Alfonso als Calixt III. (1455–1458) zum neuen Papst gewählt wurde. Nun konnte der Heilige Vater auch seinem jungen Neffen einen mühelosen Aufstieg in der kirchlichen Hierarchie ermöglichen und es spielte dabei keine Rolle, dass Rodrigo noch nicht einmal die niederen Weihen erhalten hatte. Obwohl er noch kein Priester war – das holte er erst 1468 nach – wurde der 25-Jährige vom päpstlichen Onkel zum Kardinal ernannt. Ein Jahr später erhielt er zudem das einträgliche Amt des Vizekanzlers der Kurie, was Rodrigo Borgia schließlich zu einem der reichsten Männer Europas machte. Zwar waren solche „Familienbande" als Nepotismus eigentlich streng verpönt, zur Zeit der Renaissance jedoch durchaus üblich. Zudem bewies Rodrigo Borgia, dass er für solch hohe Ämter durchaus die Qualifikation besaß: *Er war geistig zu allem fähig,* schrieb ein Zeitgenosse, *und in geschäftlichen Dingen sehr energisch und geschickt.* Hinzu kam, dass sich Rodrigo trotz seiner spanischen Herkunft in Rom großer Beliebtheit erfreute, was freilich in erster Linie an der Zahlung großzügiger Bestechungsgelder lag, erhebliche Summen, die er entweder selbst zahlte oder von anderen für „kleine Gefälligkeiten" erhielt. Doch davon abgesehen konnte Rodrigos gutem Aussehen, seinem einzigartigen Charme und Esprit wohl kaum jemand widerstehen. Am allerwenigsten die Frauen, denen er freilich ebenso wenig entsagen konnte. Rodrigo Borgia war nicht nur in verschiedene Liebesaffären verwickelt, er unterhielt auch eine langjährige eheähnliche Beziehung mit der (verheirateten) Römerin Vanozza de Catinei, die er in den 1460er-Jahren kennen gelernt hatte. Vanozza brachte in dieser Zeit vier Kinder zur Welt, die Rodrigo Borgia auch alle als die seinigen anerkannte: 1474 Giovanni, 1476 Cesare, 1480 Lucrezia und 1481 schließlich Jofré.

Zwar kühlte die Leidenschaft für Vanozza nach rund 20 Jahren spürbar ab, aber als guter Familienvater sorgte Rodrigo auch weiterhin dafür, dass es der Mutter seiner Kinder bis zu ihrem Tod an nichts fehlte.

Begegnung mit Giulia Farnese

Auch wenn Rodrigo Borgia inzwischen auf die sechzig zuging, so blieb er für schöne Frauen noch immer leicht entflammbar. Am 21. Mai 1489 war er auf einer glanzvollen Hochzeitsfeier zu Gast, die selbstverständlich in den farbenprächtig ausgemalten Amtsräumen des Vatikans stattfand, der damals gewissermaßen als „gute Stube" Roms diente. Dort schlossen an diesem Tag Giulia Farnese (1474–1524) und der junge Adelsspross Orso Orsini den sogenannten Bund fürs Leben.

Welch ein Paar! Rodrigo war von der strahlenden Schönheit und anmutigen Erscheinung der Braut völlig überwältigt. Nicht zu Unrecht sprach ganz Rom von *La Bella*, der Schönen, auch wenn Giulia ihrer Attraktivität ein wenig nachhelfen musste, indem sie die ursprünglich dunklen Haare blond färben ließ.

Kardinal Borgia hatte nur noch einen Gedanken: Wie kann ich die bezaubernde Giulia zu meiner Geliebten machen? Er wusste, dass dazu der schwindende Sex-Appeal eines alternden Mannes keineswegs ausreichte. Aber zum Glück verfügte er ja über weitere Mittel, die ihn bislang noch immer an sein Ziel gebracht hatten: jede Menge Geld. Tatsächlich erklärte sich der junge Ehemann gegen reiche Belohnung bereit, der schönen Giulia ihre Freiheit zu lassen. Doch damit allein war es nicht getan. Rodrigo Borgia hatte zugleich eine starke Verbündete, die im Hintergrund die Fäden zog: Giulias Mutter Giovanna. Als Witwe machte sich Giovanna Farnese natürlich Gedanken um die Zukunft ihrer Kinder. Während der älteste Sohn nach dem Tod seines Vaters dessen Erbe angetreten hatte und somit bestens versorgt war, war Alessandro, der Jüngere, nur ein kleiner Kurienbeamter, der mit Fleiß allein keine Karriere machen konnte. Das könnte sich freilich ändern, dachte Giovanna, wenn er einen solch einflussreichen Mann wie Kardinal Borgia zum mächtigen Fürsprecher hätte. Und so war Mutter Farnese auch gerne bereit, das große „Opfer" zu bringen und die Liebesaffäre ihrer Tochter mit Rodrigo gutzuheißen.

Und Giulia selbst? Hat sie tatsächlich echte Zuneigung empfunden oder wurde sie nur aus Berechnung die Geliebte Rodrigo Borgias? Welchen Druck hat die Mutter auf sie ausgeübt? Leider müssen diese Fragen unbeantwortet bleiben. Auf jeden Fall hat Giulia alle in sie gesetzten Erwartun-

Die Liebschaften des Papstes Alexander VI. 27

Die Dame mit dem Einhorn. Gemälde von Luca Longhi, welches möglicherweise Giulia Farnese darstellt. Das Einhorn war das Wappentier der Familie Farnese.

gen mit Bravour erfüllt. Im Frühjahr 1492 brachte sie eine kleine Tochter zur Welt, die auf den Namen Laura getauft wurde. Offiziell galt das Kind als eine Orsini, selbst wenn das Ehepaar schon längst getrennte Wege ging. Tatsächlich aber wussten alle, dass kein anderer als der inzwischen 61-jährige Kardinal Borgia der stolze Vater war. Zumal er auch selbst keinen Hehl daraus machte.

Ein sinnlicher Kirchenfürst: Alexander VI.

Doch Rodrigo Borgias Lebenswandel stand nicht zur Debatte, als es im August 1492 galt, einen Nachfolger für den verstorbenen Papst Innozenz VIII. zu wählen. Hier zählte allein die Tatsache, dass Kardinal Rodrigo Borgia während seiner 25-jährigen Tätigkeit als Vizekanzler unter fünf Päpsten nicht nur gute Arbeit geleistet hatte, sondern auch unermesslich reich geworden war.

Diejenigen Kardinäle, die im Konklave am 10. August 1492 für den Spanier Rodrigo Borgia votiert hatten, wurden jedenfalls nicht enttäuscht, denn sie gingen mit prall gefüllten Geldbeuteln nach Hause. Obwohl es sich ganz eindeutig um Simonie (Ämterkauf) handelte, war die Papstwahl nach den damaligen Rechtsbestimmungen gültig und Rodrigo bestieg als Alexander VI. den Heiligen Stuhl. Der Name war Programm. Wie einst bei Alexander dem Großen stand die Machtpolitik auch für den Borgia-Papst im Vordergrund.

Als Erstes ging er daran, seine Kinder großzügig zu versorgen. Den erst 18-jährigen Cesare ernannte er unverzüglich zum Kardinal und stattete ihn mit dem reichen Bistum Valencia aus. Dabei lag dem Sohn wohl nichts so fern wie ein frommes und gottgefälliges Dasein – im Gegenteil. In den nächsten Jahren erwies sich Cesare als ebenso ehrgeiziger wie skrupelloser Machtpolitiker, dessen Ziel es einzig war, die Hausmacht der Borgia zu erweitern, ganz im Sinne seines Vaters. Der Florentiner Historiker Francesco Guicciardini schrieb über Alexander VI: *Er besaß alle Laster des Fleisches als auch des Geistes. Sein Ehrgeiz kannte keine Grenzen und wuchs in demselben Maße, wie sein Staat wuchs ... Er war schlimmer und vielleicht glücklicher als jeder Papst seit Menschengedenken.*

Tochter Lucrezia war, wenn man so will, bereits „versorgt" worden. Ihr Vater hatte sie schon als Zwölfjährige mit einem italienischen Adligen ver-

Die Liebschaften des Papstes Alexander VI.

heiratet. Doch nun, nach seiner Wahl zum Papst, hielt er diese Ehe aus machtpolitischen Erwägungen nicht mehr für opportun und ließ sie umgehend annullieren. Stattdessen vermählte er Lucrezia nun mit Giovanni, der aus dem mächtigen Sforza-Clan stammte, der ihn bei der Papstwahl massiv unterstützt hatte.

Eigentlich hätte sich Alexander VI. jetzt von seiner schönen Mätresse trennen müssen, doch dazu konnte er sich nicht überwinden. Um wenigstens den Schein zu wahren, machte er Giulia 1493 offiziell zur Hofdame seiner Tochter Lucrezia, deren Palast ganz in der Nähe der Peterskirche[1] lag. Beide Gebäude waren durch einen Gang miteinander verbunden, sodass Giulia jederzeit die päpstlichen Gemächer aufsuchen konnte. Dass Alexander VI. sich auch als Papst eine Mätresse hielt, blieb natürlich nicht geheim. Die päpstlichen Kammerherren waren keineswegs so verschwiegen, wie sie es hätten sein sollen, und so sprach bald ganz Rom davon, dass Giulia in Borgias Schlafgemach schwarze Bettwäsche bevorzugte, um so ihren makellosen Körper noch besser zur Geltung zu bringen. Wie es scheint, hatte sie tatsächlich begonnen, ihre Rolle als Papstmätresse zu genießen. Und so tat sie auch alles, um ihr attraktives Äußeres zu bewahren. Lorenzo Pucci, einer ihrer Verwandten, schrieb nach seinem Besuch in Rom: *Madame Giulia ist jetzt von besonderer Schönheit. In meiner Anwesenheit ließ sie sich Haare und Kopf schmücken und die Haare reichten ihr bis zu den Füßen, und schließlich nahm sie eine Haube aus Leinwand und eine Art Netz, zart wie Rauch, mit Gold bestickt, dass es aussah wie eine Sonne.*

Giulias Engagement zahlte sich aus, nicht nur in Form von kostbarem Schmuck und edlen Gewändern, mit denen Alexander VI. seine schöne Mätresse überhäufte. Nach einer aufregenden Liebesnacht im September 1493 machte er ihr ein ganz besonderes Geschenk, indem er ihr zuflüsterte, dass er ihren Bruder Alessandro zum Kardinal ernennen werde. Mit dieser Entscheidung dürfte auch Mutter Giovanna Farnese äußerst zufrieden gewesen sein. Zunächst musste Alessandro freilich den Spott der Römer ertragen. Jedermann wusste, wie es der junge Mann zum Kardinal gebracht hatte, zum

---

[1] Dabei handelte es sich um den Vorgängerbau des heutigen Petersdoms. Erst Papst Julius II. (1503–1513) beschloss 1505, das alte Gebäude abreißen und eine neue Kirche errichten zu lassen.

„Kardinal Röckchen", wie hinter vorgehaltener Hand gelästert wurde. Doch dass Giulia Farnese den maßgeblichen Beitrag geleistet und bereitwillig ihr Röckchen gehoben hatte, schadete seiner künftigen Karriere in keiner Weise und geriet zudem auch bald wieder in Vergessenheit. Alessandro folgte übrigens dem Beispiel seines päpstlichen Gönners und hatte eine langjährige Liaison mit seiner Geliebten, die dem Kardinal vier Kinder schenkte ...

Papst in Gefahr

Doch dann zogen sich dunkle Wolken über dem Vatikan zusammen, denn Alexander VI. geriet zunehmend unter Beschuss. Zu den berechtigten Vorwürfen der Simonie und des Nepotismus gesellten sich allerlei böse Gerüchte, die wohl von jenen verbreitet wurden, die sich durch den Borgia-Clan – finanziell – vernachlässigt fühlten. So wurde zum Beispiel gemunkelt, Alexander VI. empfinde für seine schöne Tochter Lucrezia mehr als nur väterliche Zuneigung und rivalisiere mit dem dämonischen Cesare um die Gunst des jungen Mädchens. Diese Geschichte wird bisweilen noch heute kolportiert, obwohl die Historiker Vater und Tochter längst von dem hässlichen Verdacht freigesprochen haben. Es scheint so, als habe Lucrezias erster Ehemann das Gerücht in die Welt gesetzt, um sich für seine schmachvolle Verstoßung durch Alexander VI. zu rächen.

Tatsächlich war Lucrezia Borgia alles andere als ein Vamp oder eine *femme fatale,* wie es auch das berühmte Gemälde von Veneto suggeriert, das sie in zeitgenössischer Manier mit entblößtem Busen darstellt. Gehorsam unterwarf sie sich den machtpolitischen Plänen Alexanders VI. und heiratete gleich mehrmals diejenigen Kandidaten, die ihrem Vater gerade geeignet erschienen. Im Übrigen übernahm sie im Vatikan gewissermaßen die Rolle der First Lady, auch wenn diese Position faktisch gar nicht vorgesehen war. Als gebildeter junger Dame fiel es Lucrezia nicht schwer, mit den Gästen im Papstpalast charmant zu plaudern und als Repräsentantin des Borgia-Clans zu glänzen. Nicht mehr und nicht weniger. Mit ihrer sechs Jahre älteren „Hofdame" Giulia Farnese, der Geliebten ihres Vaters, verstand sich Lucrezia ausgesprochen gut.

Im Frühsommer 1494 reisten die beiden jungen Damen zu einem längeren Aufenthalt nach Pesaro, wo Lucrezias Ehemann ein größeres Landgut

Die Liebschaften des Papstes Alexander VI. 31

besaß. Von dort aus schrieb Giulia am 10. Juni an den in Rom verbliebenen Alexander VI.: *Eure Heiligkeit sind nicht zugegen, und da von Euch all mein Wohl und Glück abhängt, kann ich weder Vergnügen noch Zufriedenheit bei allerlei Lustbarkeiten finden, denn wo mein Schatz ist, ist auch mein Herz.*

Vermutlich wird auch Alexander VI. seine Geliebte schmerzlich vermisst haben, doch schon bald plagten ihn ganz andere Sorgen: Sein Pontifikat stand auf dem Spiel! Im Dezember 1494 rückte Frankreichs König Karl VIII. mit seinen Truppen nach Italien vor, um Neapel zu erobern. Diesen Umstand machte sich eine Gruppe unzufriedener Kardinäle zunutze und bedrängte den Franzosenkönig, den simonistischen Papst abzusetzen. Just zu diesem Zeitpunkt begab sich auch Giulia auf den Weg zurück nach Rom, nicht ahnend, in welcher Gefahr sie schwebte. Prompt geriet sie in französische Gefangenschaft und wurde erst wieder freigelassen, nachdem Alexander VI. das geforderte Lösegeld gezahlt hatte. So kamen beide noch einmal mit einem blauen Auge davon. Mit viel diplomatischem und rhetorischem Geschick gelang es dem Papst, Frieden mit Karl VIII. zu schließen, indem er dem König freien Durchzug durch den Kirchenstaat gewährte. Das Pontifikat war gerettet, die beiden Liebenden waren wieder miteinander vereint, bis die päpstliche Leidenschaft um 1500 allmählich erlosch.

Giftmord im Vatikan?

Ein weiteres Gerücht, das damals in Rom kursierte, war die Behauptung, Alexander VI. pflege lästige Gegner mit dem legendären „Borgia-Gift" zu beseitigen. Dabei ist es durchaus möglich, dass der Papst selbst das Opfer eines tödlichen Giftanschlags geworden ist, auch wenn andere der Meinung sind, er sei schlicht und einfach der Malaria erlegen.

Tatsache ist, dass Alexander VI. am 10. August 1503 unmittelbar nach einer Feier anlässlich des zwölften Jahrestags seines Pontifikats lebensbedrohlich erkrankte. Die Symptome, Durchfall, Erbrechen und Schüttelfrost, schienen so eindeutig auf eine Vergiftung hinzuweisen, dass man den päpstlichen Küchenmeister umgehend hinrichten ließ. Aber hat dieser tatsächlich ein tödliches Pülverchen in das Festmahl gemischt, vielleicht in das kandierte Obst, das eine auffallend dunkelviolette Färbung aufwies? Wir wissen es nicht.

Giulia wurde benachrichtigt und eilte umgehend an das Krankenlager Alexanders VI. Doch sie kam zu spät und konnte sich nicht mehr von ihrem langjährigen Geliebten verabschieden. Der bis dahin so vitale Papst starb am 18. August 1503 im Alter von 73 Jahren: *Man sah, wie der Teufel in Gestalt eines Affen aus dem Schlafzimmer sprang,* heißt es in der Legende. Doch bezeugen konnte das natürlich niemand.

Das Leben aber ging weiter. Zwei Jahre später, am 16. November 1505, feierte man im Vatikan erneut ein glanzvolles Hochzeitsfest. Diesmal war es Laura, die Tochter Alexanders VI., die mit einem Neffen des amtierenden Papstes Julius II. verheiratet wurde. Auch Giulia selbst trat wenig später ein weiteres Mal vor den Traualtar, nachdem sie durch den frühen Tod ihres rechtmäßigen Gemahls zur Witwe geworden war. Sie verlebte noch etliche ruhige Jahre, bis sie am 20. November 1524 an einer fiebrigen Erkrankung verstarb.

Die Zeiten änderten sich, mit der ausgelassenen Lebenslust im Vatikan war es schon bald vorbei. Die Erfolge der Reformation Martin Luthers, die Deutschland wie im Sturm eroberte und die katholische Kirche in ihren Grundfesten erschütterte, versetzte auch dem römischen Klerus einen tiefen Schock. Spätestens nach dem verheerenden *Sacco di Roma* im Mai 1527, der Plünderung Roms durch kaiserliche Landsknechte, die als verdientes Strafgericht Gottes erschien, begann die entscheidende Kehrtwende. Auf dem Konzil von Trient (1545–1563) wurden zahlreiche Dekrete gegen die kirchlichen Missstände erlassen und eine „Reform an Haupt und Gliedern" eingeleitet. Dazu gehörte auch die strikte Einhaltung des Zölibats. Interessant ist, wer die Federführung dieses „Reformpakets" übernommen hatte. Es war kein anderer als Paul III., der 1534 zum Papst gewählt worden war. Sein bürgerlicher Name? Alessandro Farnese, den wir auch schon als „Kardinal Röckchen" kennen gelernt haben.

Im Bann der Marmorgöttin –
Frankreichs König Heinrich II.
und seine Mätresse Diana von Poitiers

Eigentlich war es üblich, dass sich die Herren des französischen Königshauses attraktive junge Mätressen aussuchten. Nicht so Heinrich II. Bis zu seinem tragischen Tod liebte er seine ehemalige Gouvernante Diana von Poitiers, die 20 Jahre älter war als er selbst. Für Diana hingegen spielten zarte Gefühle überhaupt keine Rolle, sie wollte als königliche Geliebte nur ihren maßlosen Ehrgeiz befriedigen.

Nur ein einziger zarter Kuss – und schon war es um ihn geschehen. Die schöne junge Frau, die mit ihren kühlen Lippen ganz flüchtig die Wange des Knaben berührt hatte, hieß Diana von Poitiers, eine ehemalige Hofdame der früh verstorbenen Königin Claude.

Der Knabe, dem Diana mit diesem Kuss den Kopf verdreht hatte, war der elfjährige Prinz Heinrich, Sohn der Verstorbenen und des französischen Königs Franz I. (Kg. 1515–1547). Franz I. gab sich als leutselig-charmanter Lebemann, kultiviert, gebildet und vielseitig interessiert, doch in der Politik fehlte ihm leider etwas Fortune. Karl V., sein großer Gegenspieler, hatte ihm 1519 die Kaiserkrone glatt vor der Nase weggeschnappt, weil das Bankhaus Fugger dem Habsburger das nötige „Schmiergeld" zur Verfügung gestellt hatte, mit dem sich die Kurfürsten ihre Taschen füllen konnten. So hatte Franz I. das Nachsehen.

Das riesige Reich Karls V., in dem die Sonne bekanntlich niemals unterging, erwies sich für Frankreich als bedrohliche Umklammerung, war es doch sowohl von Spanien als auch von den niederländisch-habsburgischen Besitzungen eingeschlossen. Franz führte daher immer wieder Krieg gegen den Kaiser, so auch 1525 in Norditalien. Dabei ging es um nichts Geringeres

Diane de Poitiers als Jagdgöttin Diana. Schule von Fontainebleau,
Luca Penni zugeschrieben.

als die Vorherrschaft in Europa. Doch die Schlacht bei Pavia erwies sich für Frankreichs König als Desaster, seine Truppen wurden von den kaiserlichen geschlagen, er selbst kam nach Madrid in Gefangenschaft. Dort blieb er, bis er sich 1526 schließlich bereit erklärte, einen Friedensvertrag zu unterzeichnen, seine Ansprüche in Italien und Burgund aufzugeben und Eleonore, die Schwester des Kaisers, zu heiraten.

Weil Karl V. aber seinem Rivalen zutiefst misstraute und an dessen Bereitschaft, die Friedensbedingungen auch wirklich zu erfüllen, starke Zweifel hegte, verlangte er die beiden kleinen Söhne des Königs als Geiseln, den achteinhalbjährigen Dauphin Franz und den siebenjährigen Heinrich. So geschah es auch. Erst nach vier Jahren in spanischer Geiselhaft kamen die beiden Prinzen am 1. Juli 1530 wieder frei, nachdem ihr Vater dem Kaiser ein hohes Lösegeld gezahlt hatte. Durch die lange Zeit in Spanien waren die Königskinder schwer traumatisiert. Vor allem der kleine Heinrich hatte sich zu einem düsteren und verschlossenen Knaben entwickelt, der niemanden an sich heranzulassen schien – bis auf die schöne Diana von Poitiers, die ihn mit einem sanften Begrüßungskuss in der Heimat willkommen geheißen hatte. Wer also war diese Frau, die auch künftig in Heinrichs Leben eine maßgebliche Rolle spielte?

Die junge Witwe

Diana, die wohl 1499 geboren wurde, entstammte dem französischen Hochadel und konnte ihre Wurzeln bis auf Karl VII. (Kg. 1422–1461) zurückverfolgen. Der nämlich hatte damals mit seiner Geliebten Agnes Sorel einen nicht ehelichen Sohn gezeugt, den Urahnen der Sippe derer von Poitiers. Als junges Mädchen stand Diana in Diensten der Gemahlin Franz' I., Königin Claude († 1524), bis man sie als 15-Jährige mit dem 40 Jahre älteren Edelmann Louis de Brézé vermählte. Zwei Kinder gingen aus der Ehe hervor, bevor der Gemahl 1531 im Alter von 72 Jahren das Zeitliche segnete.

Diana, die sich für ein zurückgezogenes Witwendasein noch viel zu jung fühlte, entschied sich, an den französischen Königshof zurückzukehren, zu dem die Verbindung ohnehin nie ganz abgerissen war. Nun hätte man eigentlich erwarten können, dass sich der vitale Franz die attraktive, fünf

Jahre jüngere Diana gleich in sein königliches Bett geholt hätte. Doch der zeigte kein Interesse. Dabei verkörperte Diana von Poitiers wie kaum eine andere die Illusion ewiger Jugend und Schönheit. Der französische Dichter Brantôme (um 1540–1614) schwärmte, Diana sei noch mit 60 Jahren *ebenso schön von Angesicht, ebenso frisch und liebenswert wie im Alter von 30 Jahren gewesen.* Auch wenn das vielleicht übertrieben war – zumal der Dichter die Dame wohl nur vom Hörensagen kannte –, so entsprach Diana doch dem Schönheitsideal ihrer Zeit. Damals huldigten die Herren der Schöpfung zierlichen Frauen mit kleinem Kopf und kleinen Brüsten. Zeitgenössische Porträts zeigen Diana von Poitiers mit hoher Stirn, feiner Nase, kleinem Mund mit schmalen Lippen, das Gesicht umrahmt von aschblondem Haar. Um ihre Schönheit zu erhalten, unterwarf sie sich der härtesten Disziplin, zwang sich täglich zu kalten Bädern, benutzte kostbare Salben und Lotionen. Zudem verstand es Diana, ihr attraktives Äußeres durch anmutige Haltung und elegante Kleidung zu unterstreichen. Dabei trug sie seit dem Tod ihres Gemahls nur Witwentracht – vielleicht aus Rücksicht auf die Etikette, vielleicht aber auch, weil ihr die Trauerfarben Schwarz und Weiß besonders gut standen und ihre kühle Schönheit vorteilhaft zur Geltung brachten. *Ihre Schönheit, ihre Anmut, ihre majestätische Erscheinung waren wie eh und je, vor allem hatte sie einen sehr weißen Teint,* verrät uns Brantôme. *Ich glaube, dass diese Dame nie gealtert wäre, selbst wenn sie das hundertste Lebensjahr erreicht hätte.* Der weiße Teint – um dieses unabdingbare Attribut adliger Herkunft vor dem Sonnenlicht zu schützen, trug Diana im Freien stets eine Gesichtsmaske. Und als leidenschaftliche Reiterin war sie oft in den nahe gelegenen Wäldern unterwegs. Auf diese Weise hielt sie sich auch körperlich fit.

Die keusche Gouvernante

So attraktiv, wie Diana von ihren Zeitgenossen geschildert wurde, schien sie geradezu die ideale Mätresse zu sein. Doch wie gesagt: Franz I., den alten Schwerenöter, ließ die junge Witwe völlig kalt, zumindest in sexueller Hinsicht. War sie nicht sein Typ? Oder lag es vielleicht daran, dass die kühle Schönheit so etwas wie Erotik und Sinnlichkeit völlig vermissen ließ? Diana gab sich nämlich stets keusch, beherrscht und unnahbar, trauerte – zumindest nach außen hin – um ihren verstorbenen Louis und unterschied sich damit vollkommen von all den vielen niedlichen Schönheiten, die ständig um Frankreichs König herumschwirrten. Und außerdem: Wenn man genau hinschaute, dann wirkte Dianas Gesicht stets etwas streng, verkniffen und „gouvernantenhaft".

Das sah Franz I. genauso: Statt Diana in sein königliches Bett zu holen, machte er die ehemalige Hofdame von Claude zur Erzieherin und „Ersatzmutter" seines zweitjüngsten Sohnes, des 1519 geborenen Heinrich. Der heranwachsende Prinz war noch immer verschlossen, scheu und kontaktarm, und Diana schien der einzige Mensch zu sein, gegenüber dem er sich ein wenig öffnen konnte. Nach dem zarten Kuss, den sie ihm nach seiner Rückkehr aus Spanien auf die Wange gehaucht hatte, war er ohnehin ihr heimlicher Verehrer geworden.

So wurde Diana zur Gouvernante des Prinzen. Wirklich befriedigen konnte sie diese Aufgabe zwar nicht, aber dem Wunsch des Königs von Frankreich musste sie natürlich nachkommen. Schließlich war Diana ungemein ehrgeizig und dachte gar nicht daran, auf immer und ewig Erzieherin zu bleiben. Hatte sie ihre Aufgabe vier Jahre lang eher etwas lustlos erledigt, so änderte sich das schlagartig mit dem Tod des Dauphin Franz, der im August 1535 völlig überraschend aus dem Leben gerissen wurde. Jetzt nämlich war Heinrich der neue Thronfolger und damit ergaben sich für Diana langfristig ganz neue Möglichkeiten.

Heinrichs Verehrung für die 20 Jahre ältere Diana war mit der Zeit zu einer stillen Liebe geworden. Daran hatte sich auch nichts geändert, als der erst 14-jährige Prinz 1533 mit der gleichaltrigen Italienerin Katharina von Medici verheiratet worden war, die trotz ihrer Jugend der aparten Diana nicht das Wasser reichen konnte. Viele Jahre lang blieb die Ehe kinderlos.

Im Bett des Dauphin

Inzwischen war Heinrich zu einem jungen Mann herangereift, noch immer wortkarg und verschlossen, im Übrigen jedoch völlig normal entwickelt. Da sich im Ehebett mit Katharina nicht allzu viel abspielte, entdeckte er die körperliche Liebe mit anderen jungen Frauen, die sich bereitwillig zur Verfügung stellten.

Als er 19 Jahre alt war, machte Heinrich die kühle und keusche Diana zu seiner Geliebten. Es ist kaum anzunehmen, dass ihr der Sex mit dem jugendlichen Schützling besonderes Vergnügen bereitet hat. Aber es war die einzige Möglichkeit, den Thronfolger auch weiter an sich zu binden. Schließlich wimmelte es am französischen Königshof vor schönen jungen Mädchen. Wie leicht wäre es für Heinrich gewesen, seine alternde Gouvernante durch eine hübsche neue Favoritin zu ersetzen. So aber hatte Diana den Dauphin auch weiter in der Hand.

Aber die Mätresse war klug genug, sich nicht allzu sehr in den Vordergrund zu drängen. Das war auch gar nicht nötig. Die junge Katharina erzitterte geradezu vor Angst, aufgrund ihrer Kinderlosigkeit von Heinrich verstoßen zu werden. Sie stellte daher alles Menschenmögliche – und auch Unmögliche – an, um endlich schwanger zu werden. Auf keinen Fall wollte sie den Unmut ihres Gemahls erregen. Deswegen war sie auch nett und freundlich zu ihrer Rivalin und pflegte mit Diana gewissermaßen eine „taktische Freundschaft". Diana ihrerseits schickte den Prinzen regelmäßig ins Bett zu seiner Gemahlin und versah ihn mit guten Ratschlägen. Derweil probierte auch Katharina alles aus, was mehr oder weniger wohlmeinende Berater als Therapie empfohlen hatten. Irgendwann musste es schließlich klappen; Sterndeuter hatten ihr eine große Kinderschar vorausgesagt – und Katharina glaubte ganz fest an die Macht der Gestirne.

Angeblich soll sie zur Steigerung ihrer Fruchtbarkeit sogar Maultier-Urin getrunken und Pflaster mit pürierten Regenwürmern und Kuhdung in den Vaginalbereich geklebt haben. Alles umsonst. Erst der fortschrittliche Leibarzt Jean Ferel (um 1497–1558), der mittelalterliche Methoden strikt ablehnte, stellte bei einer gründlichen Untersuchung fest, dass die ungewollte Kinderlosigkeit wohl an gewissen anatomischen Veränderungen beider Ehepartner lag. Während Katharinas Gebärmutter nach hinten geknickt war, was eine Empfängnis erschwerte, litt Heinrich an einer Fehlstellung der Harnröhre, sodass er Schwierigkeiten hatte, den Geschlechtsverkehr zu vollziehen. Doch der kluge Arzt kannte zum Glück ein paar hilfreiche Tipps, um das Liebesleben des Paares endlich in Schwung zu bringen und Katharina zur Schwangerschaft zur verhelfen. Mit Erfolg: Nach achtjähriger Ehe kam 1544 endlich der ersehnte Nachwuchs zur Welt: ein Sohn – das erste von insgesamt zehn Kindern.

Die „graue Eminenz" am Hof

Doch Heinrich blieb auch weiterhin der kühlen Schönheit seiner Mätresse verfallen, selbst wenn Diana inzwischen so langsam auf die fünfzig zuging und sich die ersten unvermeidlichen Spuren des Alters nicht mehr aufhalten ließen. Aber die kluge Dame kannte ein probates Mittel, um sich dennoch zum Symbol der ewigen Jugend zu stilisieren: Sie beauftragte Bildhauer mit der Erschaffung von Marmorstatuen, die sie als Jagdgöttin Diana mit makellos nacktem Körper zeigten, und ließ sie überall in ihren Räumen aufstellen. Wie es tatsächlich unter der eleganten Kleidung aussah, ging niemanden etwas an – und Heinrich selbst ließ sich von den üblichen Alterserscheinungen wie Cellulite oder kleinen Fettpölsterchen wohl nicht abschrecken.

Dianas Engagement zahlte sich aus. Als Franz I. 1547 starb und Heinrich als der Zweite dieses Namens den französischen Thron bestieg, wurde Diana zu so etwas wie der „grauen Eminenz" am Hof und konnte endlich ihren maßlosen Ehrgeiz befriedigen. Ohne mit der Wimper zu zucken, übergab ihr Heinrich II. die Kronjuwelen, die Diana künftig zu offiziellen Anlässen trug. Der König sorgte nicht nur dafür, dass gewisse staatliche Gelder in die Privatschatulle seiner Mätresse flossen, er gestand ihr sogar ein politisches Mitspracherecht zu. So konnte Diana zum Beispiel dafür sorgen, dass künftig alle wichtigen Positionen im Reich mit ihren streng katholisch-konservativen Parteigängern besetzt wurden. Und nicht nur das: Sie allein wählte die Hofdamen für Königin Katharina aus, die ebenfalls eine höchst einflussreiche Stellung einnahmen, weil man nur über sie Zugang zur Monarchin erhielt. Während die inzwischen ständig schwangere Katharina auf ihre Rolle als Gebärerin reduziert blieb, besprach Heinrich mit Diana sämtliche Staatsangelegenheiten und suchte ihren Rat. Auf diese Weise verbrachten die beiden täglich viele Stunden miteinander. So konnte Diana die Richtlinien der französischen Politik maßgeblich mitbestimmen.

Und schließlich macht der König Diana Chennonceaux zum Geschenk, das idyllisch gelegene Renaissanceschloss am Flüsschen Cher, heute bevorzugtes Ziel zahlloser Frankreich-Touristen. Großzügig stellte er erhebliche Mittel zum Ausbau des Schlosses zur Verfügung und war beglückt, dass sich in allen Räumen Zeichen ihrer tiefen Verbundenheit fanden: Zwei „D",

Rücken an Rücken, die ein Querstrich zu einem „H" verband. Königin Katharina nahm diesen Affront kommentarlos hin. Was blieb ihr auch anderes übrig, als ihre Rivalin in Ruhe gewähren zu lassen? Schließlich war Diana als heimliche Herrscherin auch der Königin gegenüber loyal und bot ihr keinerlei Anlass zur Kritik. Zudem hatte Katharina als mehrfache Mutter inzwischen an Selbstbewusstsein gewonnen und konnte es sich leisten, ihrem Gemahl gegenüber großzügig zu sein. Vielleicht ahnte sie ja auch, dass ihre große Stunde noch kommen würde ...

Der Tod Heinrichs II.

Über 20 Jahre lang genoss Diana ihre exponierte Stellung am Königshof, denn auch als alternde Mätresse zog sie Heinrich II. noch immer in ihren Bann. Doch dann ereignete sich die Katastrophe, die die Liaison von einem zum anderen Tag beendete.

Anlässlich der Hochzeit seiner Tochter Elisabeth mit Philipp von Spanien, die den Ausgleich mit dem Erzrivalen Habsburg bringen sollte, ließ Heinrich II. im Juli 1559 in Paris eines seiner geliebten Turniere veranstalten. Schauplatz war die Rue St. Antoine vor dem alten Palais des Tournelles, in dem das Königspaar residierte. Bunt geschmückte Tribünen und Balkone sorgten für heitere Stimmung. So war Heinrich allerbester Laune, während Katharina eine besorgt-düstere Miene zur Schau trug. Mehrfach hatte sie versucht, den Gemahl von den Kämpfen abzuhalten, doch vergebens. Dabei hatte einer ihrer Astrologen, die sie stets zu Rate zog, vorhergesehen, dass Heinrich im Zweikampf sterben würde, und zwar etwa im Alter von 40 Jahren. Doch es gab noch weitere, rätselhafte Warnungen. So hatte Nostradamus seit 1556 geheimnisvolle Vierzeiler veröffentlicht, die die Menschen noch heute beschäftigen. Einer davon lautete:

> Der junge Löwe wird den alten überwinden
> Auf dem Schlachtfeld im Zweikampf
> Im goldenen Käfig ihm die Augen ausstechen
> Zwei Armeen einig, dann wird er einen grausamen Tod sterben.

Doch Heinrich II., der nichts vom Geschwätz der Astrologen hielt, ließ sich nicht davon abbringen, an diesem Turnier teilzunehmen. Als Sieger galt

Frankreichs König Heinrich II. und seine Mätresse Diana von Poitiers   41

derjenige Reiter, der, ohne aus dem Sattel geworfen zu werden, drei Lanzen an der Rüstung des Gegners zerbrach. Zunächst machte der König eine gute Figur und hatte den sicheren Sieg bereits vor Augen. Doch dann passierte es: Die Lanze seines dritten Gegners Gabriel de Montgomery zerbrach an der königlichen Rüstung und ein spitzes Bruchstück durchdrang Heinrichs Visier und bohrte sich über seinem Auge hindurch bis ins Gehirn. Hatte Nostradamus mit seiner Prophezeiung etwa recht gehabt?

Man bracht den schwer verletzten König in den Tournelles-Palast[2], wo er nur wenige Tage später, am 11. Juli 1559 starb. Für Diana war der plötzliche Tod des Königs ein schwerer Schlag, denn nun musste sie befürchten, dass die Witwe Katharina nach all den jahrelangen Demütigungen Rache nehmen würde. Doch die Königin erwies sich als ausgesprochen großherzig und forderte lediglich Schloss Chennonceaux zurück, das nach wie vor zum Krongut gehörte.

Die inzwischen 60-jährige Mätresse zog sich auf ihren Familiensitz Anet zurück, ein rund 60 km westlich von Paris gelegenes Schloss, für dessen Ausbau und Renovierung Heinrich II. ebenfalls gesorgt hatte. Hier starb Diana von Poitiers sechs Jahre später, nachdem sie sich bei einem Sturz vom Pferd schwerste Verletzungen zugezogen hatte. Schloss Anet wurde zu ihrer letzten Ruhestätte. *Wie schade,* seufzte der Dichter Brantôme, *dass jetzt die Erde diesen schönen Körper bedeckt.*

---

[2] 1604 wurde das Gebäude abgerissen. Heute erinnert nur noch die Rue des Tournelles am Place des Vosges an die frühere königliche Residenz.

Seine Omnipotenz –
Die Mätressen Augusts des Starken

Sachsens vitaler Kurfürst August der Starke war für sein ausschweifendes Liebesleben berühmt-berüchtigt. Doch die Damen, die er zu seinen Mätressen machte, wurden reichlich belohnt und bis zu ihrem Tod großzügig versorgt. Die einzige Ausnahme machte Constantia von Cosel, die ihr Leben als Gefangene auf der Festung Stolpen beendete. Sie hatte den großen Fehler begangen, viel zu ehrgeizig zu sein.

Als die alten Machthaber der DDR jede Erinnerung an „Glanz und Gloria" vergangener Monarchien auslöschen wollten, verpassten sie auch der Dresdner Augustusbrücke einen anderen Namen, und zwar den des bulgarischen Kommunisten Dimitroff. Nichtsdestoweniger hielten die Einwohner der Elbestadt das Andenken an den sächsischen Kurfürsten Friedrich August, genannt August der Starke (1670–1733), auf ihre eigene Weise lebendig. Davon zeugt eine kleine Anekdote, die den neuen Namen der Brücke recht eigenwillig erklärt: Immer, wenn August in seiner Kutsche über die Elbbrücke fuhr, hielt er nach hübschen jungen Mädchen Ausschau. Entdeckte er eine oder zwei, die ihm gefielen, dann soll er seinem Diener befohlen haben: *Die mit druff und die mit druff!* Die betreffenden Damen wurden dann in die Kutsche gebeten – um schließlich als Gespielinnen im kurfürstlichen Prunkbett zu landen ...

Eine wahrhaft hübsche Geschichte – doch hatte August der Starke tatsächlich einen solchen Frauenverschleiß, wie gerne kolportiert wird? Schon die geschwätzige Markgräfin Wilhelmine von Bayreuth (1709–1758), „Lieblingsschwester" Friedrichs des Großen, behauptete in ihren Memoiren: *Der König hielt eine Art von Serail, das aus den schönsten Frauen des Landes bestand. Als er starb, schätzte er die Zahl der Kinder, welche er von seinen*

Der sogenannte Goldene Reiter, Reiterstandbild Augusts des Starken auf dem Neustädter Markt in Dresden.

Mätressen hatte, auf 354. Wie so oft, hat die Markgräfin auch diesmal maßlos übertrieben. Neben seinem einzigen ehelichen Sohn, der wie er Friedrich August hieß, sind neun außereheliche Kinder belegt – die der sächsische Kurfürst auch allesamt anerkannt und im späteren Leben gut versorgt hat. Fest steht aber auch: Friedrich August war ein großer Freund attraktiver Frauen und hatte im Laufe seiner knapp 40-jährigen Regierungszeit etliche Mätressen – so wie der französische „Sonnenkönig" Ludwig XIV., der allen Fürsten Europas auch in dieser Hinsicht als Vorbild diente. Nicht nur aufgrund seiner außergewöhnlichen Körperkraft – angeblich konnte der Sachse mit bloßen Händen ein Hufeisen verbiegen – nannten ihn schon die Zeitgenossen „August den Starken".

Die schöne Maria Aurora von Königsmarck

Schon damals funktionierte das heutige Diktum: Macht macht sexy. Dabei war Friedrich August, der am 12. Mai 1670 in Dresden das Licht der Welt erblickt hatte, gar nicht für den Thron vorgesehen. Erst der frühzeitige Tod seines älteren Bruders Johann Georg IV., der 1694 kinderlos starb, machte aus dem Zweitgeborenen den Kurfürsten Friedrich August I. von Sachsen. Nur ein Jahr zuvor hatte er Christiane Eberhardine von Ansbach-Bayreuth (1671–1728) geheiratet. Es war eine der arrangierten fürstlichen Ehen gewesen, die nicht auf gegenseitiger Zuneigung beruhten, sondern einzig und allein politischen Interessen folgen. Abgesehen von ihrem protestantischen Glauben hatten der lebensfrohe Kurfürst und seine strenggläubige Gemahlin, die selbst von den Untertanen als „sächsische Betsäule" verspottet wurde, keine weiteren Gemeinsamkeiten.

Friedrich August sah sich daher schon früh nach hübschen Gespielinnen um, die ihm den grauen Alltag des Aktenstudiums und der Staatsgeschäfte ein wenig versüßen sollten.

Doch dann lernte er eine junge Dame kennen, die wirklich Eindruck auf ihn machte: Maria Aurora von Königsmarck (1662–1728), die seine erste offizielle Mätresse wurde.

Die attraktive Gräfin kam im Spätsommer 1694 nach Dresden, weil sie verzweifelt nach ihrem Bruder Philipp Christoph von Königsmarck suchte, der seit mehreren Wochen spurlos verschwunden war. Maria Aurora hatte allen Grund zu den schlimmsten Befürchtungen. Ihr leichtlebiger Bruder, der längere Zeit in Diensten des Kurfürsten Ernst August von Hannover gestanden hatte, war nämlich in eine heiße Liebesaffäre mit dessen Schwiegertochter Sophie Dorothea verwickelt gewesen. Es war daher anzunehmen, dass der eifersüchtige Gemahl den Nebenbuhler gewaltsam aus dem Weg geräumt hatte – was sich dann später auch bestätigte. Noch aber besaß Maria Aurora durchaus noch ein Fünkchen Hoffnung, ihren Bruder lebend wiederzusehen und so bat sie den sächsischen Kurfürsten um Hilfe. Kurz vor seinem Verschwinden war Philipp Christoph nämlich in den Dienst Friedrich Augusts I. getreten, seines Jugendfreundes, den er während seiner „Kavalierstour" durch Europa kennen gelernt hatte. Doch der Kurfürst konnte der schönen Gräfin auch nicht weiterhelfen. Dafür aber fand er großen Gefallen an Maria Aurora. Beide kannten sich bereits flüchtig, nachdem sie sich schon früher auf höfischen Festen und ähnlichen Gelegenheiten begegnet waren. Doch damals war Friedrich August noch ein unerfahrener Jüngling gewesen, während die acht Jahre ältere Gräfin Königsmarck, wo immer sie auch auftrat, rasch zum Mittelpunkt der Gesellschaft wurde. Das lag zum einen an ihrem attraktiven Aussehen, das ein Zeitgenosse folgendermaßen beschrieb: *Auroras Haar ist reich, schwarz und schön geordnet um das runde blühende Gesicht. Ihre Stirn ist offen und erhaben. Pfeile, denen niemand widerstehen kann, fliegen aus ihren Augen, groß, dunkel, feurig und von einem wunderbaren Glanz strahlend. Die Nase ist ein Meisterwerk des Schöpfers. Der Mund ist ausnehmend klein, die Lippen blutrot, die Zähne in höchster Vollkommenheit blendend weiß und schön geformt. Mit einem Wort: Niemand kann sich diesem Meisterwerk der Natur zur Seite stellen.*

Doch es war nicht nur ihre viel gerühmte Schönheit, die Maria Aurora so anziehend machte. Sie war hochgebildet, sprach mehrere Sprachen, verstand geistreich zu plaudern und wirkte auf ihre ganze Umgebung äußerst charmant. Obwohl sie bereits ihren 32. Geburtstag gefeiert hatte, gab es keinen Ehemann an ihrer Seite – dafür aber standen die Bewerber Schlange. Doch die Gräfin war wählerisch und nicht bereit, ihre Gunst leichtfertig zu verschenken.

Verführung im türkischen Zelt

Als Maria Aurora im Spätsommer 1694 nach Dresden kam, befand sich in ihrer Begleitung auch eine junge Türkin, die sie als Pflegetochter vorstellte: Fatima (um 1674–1755) war einst als „Kriegsbeute" in die Hände der kaiserlichen Truppen gefallen, als diese 1686 die Festung Ofen eroberten. Sie wurde damals dem schwedischen Freiherrn Alexander Erskine zugeteilt, einem Freund von Philipp Christoph von Königsmarck. Erskine nahm Fatima mit nach Hause und „schenkte" sie Maria Aurora, die sich des jungen Mädchens mit großem Verantwortungsgefühl annahm und sie taufen ließ. Noch hatte Friedrich August nur Augen für die anmutige Gräfin Königsmarck, später allerdings sollte auch Fatima ins Blickfeld rücken …

Die Mätressen Augusts des Starken

Den Kurfürsten und die Gräfin verband von Anfang an ein gegenseitiges Interesse, wenn auch aus unterschiedlichen Motiven. Während Friedrich August vorhatte, Maria Aurora so schnell wie möglich zu seiner Geliebten zu machen, plante die Gräfin ganz prosaisch ihre finanzielle Absicherung. Das Vermögen, das sie vor einigen Jahren geerbt hatte, war bis auf einen kleinen Rest dahingeschmolzen, denn Maria Aurora hatte das Geld mit vollen Händen ausgegeben. So langsam aber musste sie an ihre „Altersvorsorge" denken. Da schien ein so mächtiger Fürst gerade die richtige Adresse zu sein. Die Position einer Mätresse war schließlich äußerst lukrativ. Sie bekleidete gleichsam ein öffentliches Amt und nahm an allen Staatsakten, Empfängen und Festlichkeiten teil – auch dann, wenn die Gattin des Fürsten anwesend war. Leider hielt sich eine Mätresse meist nur wenige Jahre. Doch wenn sie es geschickt anstellte, dann wurde sie für die geleisteten Liebesdienste reich abgefunden. Maria Aurora war somit fest entschlossen, die Weichen für eine sorglose Zukunft zu stellen.

So machte sie sich ohne Umschweife daran, das Herz des 24-jährigen Kurfürsten zu erobern, wobei es natürlich galt, bestimmte „Spielregeln" einzuhalten. Zunächst gab sie die Spröde, die ihre Tugend verteidigte, bevor sie dann aber doch schwach wurde, bereit, sich von Friedrich August erobern zu lassen. Für diese „Eroberung" hatte sich der Kurfürst etwas ganz Besonderes einfallen lassen. Schauplatz der galanten Verführung sollte Moritzburg sein, das alte Jagdschloss aus dem 16. Jahrhundert nördlich von Dresden. In dieser idyllischen Umgebung, einsam gelegen inmitten ausgedehnter Wälder, wollte Friedrich August die schöne Gräfin zu seiner Geliebten machen – weit weg von Ehefrau und Mutter, die beim zärtlichen Tête-à-Tête mit Maria Aurora nun wirklich nichts zu suchen hatten.

Gräfin Königsmarck hatte schon so manches galante Beisammensein erlebt, doch Friedrich August bot ihr ein nie da gewesenes Spektakel, eigentlich eher ein Theaterstück, eingebunden in die Themen der griechisch-römischen Mythologie, die er als junger Prinz seinerzeit auf Schloss Versailles kennen und lieben gelernt hatte. In zeittypischer Manier ließ er Maria Aurora vor Schloss Moritzburg von einer Schar Nymphen empfangen. Eine von ihnen, verkleidet als Diana, hieß die Gräfin als „Göttin der Morgenröte" willkommen, so, wie es ihrem Vornamen entsprach. Nun wurde Maria Aurora in einen festlich geschmückten Saal geleitet, wo sie der Kurfürst, umgeben von einer Schar Waldgeister, in Gestalt des Hirtengottes Pan erwartete. Nach einem üppigen Gastmahl machte er Maria Aurora eine innige Liebeserklärung sowie einige verheißungsvolle Andeutungen, bevor er sich wieder zurückzog. Die Gräfin wurde derweil aufgefordert, eine Gondel zu besteigen, um so auf eine Insel im Schlossteich zu gelangen, wo ein prächtiges orientalisches Zelt aufgebaut worden war. Darin thronte, umgeben von 24 jungen Türkinnen, Kurfürst Friedrich August. Er hatte erneut die Garderobe gewechselt und war nunmehr als Sultan verkleidet. Wie hätte Maria Aurora da noch widerstehen können?

Auch wenn ihr „Widerstand" schon am ersten Tage gebrochen war, so zogen sich die exotischen Festlichkeiten noch ganze zwei Wochen hin, vielfältige Lustbarkeiten, die unter verschiedenen Themen standen. Friedrich August gelang es jedenfalls, seine Geliebte immer wieder aufs Neue zu überraschen.

Vergnügliches Mätressenleben

Als Friedrich August schließlich nach Dresden zurückkehrte, war Maria Aurora als offizielle Mätresse an seiner Seite. Mutter und Ehefrau des Kurfürsten waren zunächst ein wenig pikiert, doch Gräfin Königsmarck bewies im Umgang mit den Damen viel Klugheit und diplomatisches Geschick. Nie drängte sie sich in den Vordergrund, zügelte ihren persönlichen Ehrgeiz und sorgte sogar dafür, dass Friedrich August seine Familie nicht vernachlässigte. So bot sie weder der Kurfürstin und deren Schwiegermutter noch anderen Mitgliedern der Hofgesellschaft eine Angriffsstelle. Nie zettelte Maria Aurora irgendwelche Intrigen an, sodass sie auch keine Feinde hatte, im Gegenteil. Ganz Dresden war von der geistreichen Gräfin begeistert, von ihrem Charme und ihrer Schönheit, ihrer brillanten und amüsanten Konversation. Friedrich August wusste vor allem zu schätzen, dass sich seine Mätresse nie in politische Angelegenheiten einmischte und stets gleichbleibend guter Laune war.

Kein Wunder, Vergnügungen und Festlichkeiten schienen gar kein Ende zu nehmen. Im Februar 1695 wurde der Karneval ausgiebig gefeiert und ein Maskenball löste den anderen ab. Anfang Mai begleitete Maria Aurora den Kurfürsten ins böhmische Karlsbad, Treffpunkt der feinen Gesellschaft, die nichts anderes wollte, als sich zu amüsieren. Der englische Gesandte Stepney, der sich im sächsischen Gefolge befand, schrieb ziemlich unzweideutig über die Zerstreuungen des Kurfürsten und seiner Mätresse: *Wir vertreiben hier unsere Zeit so lustig wie möglich. Wir haben ein Haus gebaut. Es ist von italienischer Erfindung mit halbdunklen Winkeln, Ruhebetten und anderen lockeren Bequemlichkeiten, welche die Liebschaft erleichtern können.* Doch dann fanden die Lustbarkeiten ein abruptes Ende. Kaum war man nach Dresden zurückgekehrt, da musste Friedrich August als Oberbefehlshaber des Reichsheeres in den Krieg gegen die Türken ziehen. Gräfin Königsmarck schien es ratsam, vorher mit ihm über ihre finanzielle Absicherung zu sprechen. Denn was würde geschehen, wenn er vom Feldzug nicht mehr zurückkäme? Doch die diesbezüglichen Sorgen waren umsonst. Friedrich August kehrte wohlbehalten heim, teilte auch wieder das Bett mit Maria Aurora, und wenig später stellte die Gräfin fest, dass sie ein Kind erwartete. Der werdende Vater nahm die Nachricht mit gemischten Gefühlen auf, zumal auch seine rechtmäßig angetraute Gemahlin in anderen Umständen war. Dann machte er sich auf den Weg nach Wien, um mit dem Kaiser über seine politischen Pläne zu sprechen.

Am 30. Oktober 1696 – nur drei Wochen nach der Niederkunft von Kurfürstin Christiane Eberhardine – brachte Gräfin Königsmarck ihr Kind zur Welt. Es war ein gesunder Sohn, den sie Moritz nannte, und der später als Marschall von Frankreich eine brillante Karriere machte. (Moritz von Sachsen, der hinsichtlich amouröser Abenteuer ganz in die Fußstapfen seines Vaters trat, war übrigens der Urgroßvater der berühmten französischen Schriftstellerin George Sand, die 1804 auf die Welt kam.)

Maria Auroras Abschied aus Dresden

Als Friedrich August endlich nach Dresden zurückkehrte, erlebte Maria Aurora eine böse Überraschung. In seiner Begleitung befand sich eine attraktive Österreicherin, die man ihr als Gräfin Esterle vorstellte. Ganz offensichtlich handelte es sich um die neue Favoritin des Kurfürsten. Die höfische Gesellschaft hielt den Atem an. Wie würde die Königsmarck auf die Konkurrentin reagieren? Würde sie womöglich eine peinliche Szene machen? Nichts von alledem. Maria Aurora begrüßte nicht nur Friedrich August so freundlich wie in alten Tagen, sie begegnete auch der Wiener Gräfin mit ausgesuchter Höflichkeit. Der galante Kurfürst dankte es ihr. Auch wenn sie nun als Mätresse abtreten musste, so blieb sie doch bis zum Ende ihres Lebens seine gute Freundin. Und was noch viel wichtiger war: Friedrich August hatte sein Versprechen gehalten und für die finanzielle Absicherung der Königsmarck gesorgt. Wie Maria Aurora wusste, besaß der Kurfürst von Sachsen die Schutzherrschaft über das reichsunmittelbare Frauenstift Quedlinburg im Harz und hatte folglich bei der Wahl der Äbtissin ein Wörtchen mitzureden.

Quedlinburg war natürlich kein Kloster, wie manchmal behauptet wird, sondern ein protestantisches Frauenstift, das die Damen an keine Regel band. Sie trugen keine Tracht, legten kein Gelübde ab und mussten auch nicht in Armut leben, im Gegenteil. Das Amt der Äbtissin war recht einträglich und bestens geeignet, eine Dame adliger Herkunft standesgemäß zu versorgen. Nun reichte es zwar nicht zur Äbtissin, doch das von Friedrich August unter Druck gesetzte Kapitel des Frauenstifts wählte Maria Aurora von Königsmarck immerhin zur Koadjutorin, also zur Stellvertreterin. Aber auch deren Einkünfte waren nicht zu verachten.

Die neue polnische Mätresse

Während Maria Aurora von Königsmarck ihre neue Stellung in Quedlinburg antrat, verfolgte der Kurfürst von Sachsen ehrgeizige Pläne: Er bewarb sich um die Krone der Wahlmonarchie Polen, denn nach dem Tod von Jan III. Sobieski im Juni 1696 war der Thron in Warschau verwaist. Um die polnischen Magnaten davon zu überzeugen, dass er der am besten geeignete Kandidat war, musste Friedrich August nicht nur Unmengen von Bestechungsgeldern zahlen, sondern auch zum katholischen Glauben konvertieren. Zwar waren seine protestantischen sächsischen Untertanen zutiefst empört über die Konversion ihres Kurfürsten, doch nachdem er seine Religion zur Privatsache erklärt und versprochen hatte, dass ihr Glaube unangetastet blieb, beruhigten sich die Gemüter allmählich wieder – bis auf die strenggläubige Christiane Eberhardine. Sie weigerte sich nicht nur strikt, ihren Glauben zu wechseln, sondern folgte ihrem Gemahl auch nicht nach

Die Mätressen Augusts des Starken 51

Warschau, nachdem der im Sommer 1697 tatsächlich als August II. zum neuen König von Polen gewählt worden war.

Den Monarchen focht das nicht an, er war seiner rechtmäßig angetrauten Gemahlin ohnehin längst überdrüssig geworden. Und nun, da es einen gesunden Thronfolger gab, war es auch kein großes Problem, künftig getrennt von Tisch und Bett zu leben. Für Letzteres hatte er schließlich seine neue Favoritin, die kapriziöse Gräfin Esterle. Doch die Wienerin, die als herrschsüchtig und verschwenderisch galt, fiel schon nach kurzer Zeit in Ungnade. Ob sie Friedrich August tatsächlich mit einem polnischen Adligen betrogen hat, wie Gerüchte behaupten, sei dahingestellt. Auf jeden Fall war ihre Anwesenheit in Warschau schon bald nicht mehr erwünscht und sie musste in ihre österreichische Heimat zurückkehren.

Jetzt brauchte der frischgebackene König ohnehin eine polnische Mätresse, um bei seinen neuen Untertanen punkten zu können. Tatsächlich dauerte es nicht lange und er fand Gefallen an der jungen Ursula Katharina Lubomirska (1680–1743), der früheren Ehefrau seines Kronkämmerers. Nachdem die Ehe auf Betreiben des Königs geschieden worden war, machte Friedrich August die schöne Katharina 1700 zu seiner Mätresse. Wie ihre Vorgängerin Maria Aurora bezauberte die charmante und geistreiche Polin nicht nur die Warschauer Hofgesellschaft, sondern begeisterte auch die Dresdner. Im August 1704 brachte sie einen Sohn zur Welt, der Johann Georg genannt wurde und wie sein Halbbruder Moritz später ebenfalls die militärische Laufbahn einschlug. Im gleichen Monat ließ Friedrich August seine Mätresse zur Fürstin von Teschen erheben und bewilligte ihr ein üppiges Jahresgehalt. Doch so reizvoll die Teschen auch sein mochte – schon 1701 hatte Friedrich August mit einer anderen Dame angebändelt, einer exotischen Schönheit, die seinerzeit mit Maria Aurora von Königsmarck nach Dresden gekommen und dem Kurfürsten später nach Warschau gefolgt war: die Türkin Fatima. Aus dieser Beziehung gingen zwei Kinder hervor: Im Juni 1702 brachte Fatima einen Sohn zur Welt, der nach dem Vater (und dem Kurprinzen) Friedrich August genannt wurde. 1706 schenkte sie einer Tochter namens Katharina das Leben, gewissermaßen als „Abschiedsgeschenk" für Friedrich August. Noch im gleichen Jahr verheiratete der Kurfürst Fatima mit seinem Kammerdiener Johann Georg Spiegel und verlieh dem Ehepaar den erblichen Adel. Beide lebten künftig in Dresden, wo die schöne Fatima ganz selbstverständlich in die höfische

Gesellschaft hineinwuchs. Man rechnete es sich sogar als Ehre an, von der charmanten Frau von Spiegel empfangen zu werden.

Den Warschauer Thron hatte Friedrich August unterdessen wieder räumen müssen. Nach einer militärischen Niederlage im Nordischen Krieg gegen Schwedens König Karl II. musste er die polnische Krone 1706 niederlegen, wenn auch nur vorübergehend.

Mit dem Verlust Polens endete auch die Mätressenkarriere der Teschen, die im gleichen Jahr mit einer satten Abfindung in den „Ruhestand" entlassen wurde. Von nun an lebte sie abwechselnd und frei von finanziellen Sorgen auf ihrem Landsitz in Hoyerswerda oder im schlesischen Breslau.

Ein geheimer Ehevertrag

Den Platz der Teschen nahm jetzt jene Frau ein, die als die berühmteste Mätresse Augusts des Starken in die Geschichte eingegangen ist: Constantia von Cosel (1680–1765). Constantia, deren Familie aus Holstein stammte, war eine geborene Brockdorff. Als junges Mädchen kam sie als Hofdame nach Wolfenbüttel, die Residenz des Herzogs Anton Ulrich (1633–1714), und lernte dort Adolf Magnus von Hoym kennen, einen Minister Augusts des Starken, der sie mit nach Dresden nahm und 1699 zu seiner Frau machte. Die Ehe wurde zwar ausgesprochen unglücklich, aber am kurfürstlichen Hof erregte die ebenso anmutige wie geistreiche Constantia rasch große Aufmerksamkeit. Sie war nämlich nicht nur eine ausgesprochene Schönheit, sondern auch intelligent, schlagfertig und witzig, dazu eine hervorragende Tänzerin, die auf allen höfischen Festen eine gute Figur abgab. So fiel sie bald auch einer Hofclique auf, die das Ziel verfolgte, den polnischen Einfluss auf den Kurfürsten zugunsten des sächsischen Elements zurückzudrängen, nun, da die Krone vorerst verloren war. Aber vielleicht hätte sich Friedrich August auch ohne seine Berater Hals über Kopf in die attraktive Constantia verliebt, zumal es durchaus von Vorteil war, dass die gerade in Scheidung lebte. Ohne die Gunstbezeugungen des Kurfürsten hätten ihre Zukunftsaussichten eher düster ausgeschaut, denn als geschiedene Frau hätte sie wohl oder übel auf das elterliche Gut nach Holstein zurückkehren müssen. Und sonderlich wohlhabend waren die Brockdorffs leider nicht.

Die Mätressen Augusts des Starken 53

Aber jetzt kam ohnehin alles anders. Als Mätresse Augusts des Starken taten sich der 25-Jährigen ganz neue Möglichkeiten auf. Doch schon bald reichte es der ehrgeizigen Constantia nicht mehr, einfach „nur" Mätresse zu sein. Sie drängte auf Heirat. Nun war Friedrich August natürlich nach wie vor mit Christiane Eberhardine verheiratet, auch wenn sich die Kurfürstin nur selten in Dresden zeigte, sondern meistens auf Pretzsch lebte, ihrem abgelegenen Schloss am linken Elbufer, das sie anlässlich ihrer Hochzeit erhalten hatte, auch als späteren Witwensitz.

Doch Constantia drängte weiter. Schließlich gab es die Möglichkeit, dass sich ein Fürst eine „Gemahlin zur Linken" nahm, also eine morganatische Ehe einging, die zwar Erbansprüche von Frau und Kindern ausschloss, gleichwohl aber rechtlich anerkannt war. Der einzige Haken an der Sache: Wenn dies zu Lebzeiten der rechtmäßigen Gemahlin geschah, dann musste diese ihr Einverständnis geben. Und Christiane Eberhardine hätte einer offiziellen „Nebenfrau" niemals zugestimmt.

Dann vielleicht inoffiziell? Man musste ja schließlich nicht alles an die große Glocke hängen. Auf jeden Fall bezirzte Constantia den Kurfürsten so lange mit ihrem legendären Charme, bis er in ihren zwielichtigen Plan einwilligte: Er unterzeichnete einen geheimen Vertrag, in dem er nicht nur eine morganatische Ehe mit Constantia bestätigte, sondern auch festschrieb, dass er sie im Falle des vorzeitigen Todes von Christiane Eberhardine rechtmäßig heiraten und sie und eventuelle Kinder legitimieren würde. Dann würde Constantia die neue Kurfürstin von Sachsen (und Königin von Polen) sein.

Friedrich August und die Cosel – ein vermeintliches Traumpaar

Die Tinte unter dem Vertrag war kaum trocken, da ließ Friedrich August das verräterische Dokument ganz hinten in der Schublade verschwinden, um es so schnell wie möglich wieder zu vergessen. Schließlich handelte es sich um nichts Geringeres als um Bigamie. Constantia hatte ihren Willen bekommen, aber faktisch sollte alles beim Alten bleiben. Vorerst jedenfalls. Am Hof trat sie auch weiter als Mätresse auf und sonnte sich in der Gunst

Anna Constantia Reichsgräfing von Cosel mit Sohn als Cupido.
Gemälde von François de Troy

des Kurfürsten, der sich 1709 auch die polnische Krone zurückeroberte. Sie machte eine glänzende Karriere, die schon 1706 durch ihre Ernennung zur Reichsgräfin von Cosel gekrönt wurde. Friedrich August zeigte sich äußerst großzügig, bewilligte ihr nicht nur eine jährliche Apanage von 100 000

Die Mätressen Augusts des Starken

Talern, sondern schenkte ihr neben dem idyllischen Schloss Pillnitz an der Elbe auch ein luxuriöses Palais direkt neben dem Dresdner Schloss, das heute als Taschenbergpalais berühmt ist. Hier hielt Constantia Hof, empfing ihre Gäste, darunter Minister und hohe Adlige sowie Gesandte fremder Höfe, hier gab sie Soupers und Bälle für den König und seine Besucher.

Aber die Cosel beschränkte sich nicht auf reine Repräsentation. Ihre vielseitigen Interessen schlossen auch politische Fragen mit ein, und so fungierte die Mätresse gleichzeitig als Beraterin des sächsischen Kurfürsten und Königs von Polen. Es schien, als habe Friedrich August endlich die „Frau fürs Leben" gefunden – eine ernsthafte Beziehung, aus der drei Kinder – zwei Töchter und ein Sohn – hervorgingen.

Doch das gute Einvernehmen war nur vorübergehend. Die Stimmung trübte sich ein, als Constantia und der König zunehmend unterschiedliche Meinungen vertraten, auch in politischer Hinsicht. Es kam zu einer ernsten Krise, als Friedrich August darauf bestand, dass sein Sohn zum katholischen Glauben übertreten solle, um später ebenfalls eine Option auf den polnischen Thron zu haben. Die Cosel jedoch war anderer Ansicht und hielt es für sinnvoller, die sächsische Machtbasis zu stärken, als vagen Zukunftsträumen hinterherzujagen. So geriet die königliche Liebe zunehmend in das Räderwerk der Politik. Jetzt nämlich war nicht nur Friedrich August verärgert. Constantia hatte sich auch die polnische Hofpartei zur Feindin gemacht – mit weitreichenden Folgen.

Die Cosel hatte eindeutig zu hoch gepokert. Nach acht leidenschaftlichen Jahren ließ Friedrich August seine Mätresse fallen. Constantia musste Dresden verlassen und sich nach Schloss Pillnitz zurückziehen. Hier hätte sie den Rest ihres langen Lebens in Frieden und materieller Sicherheit verbringen können, hätte sie nicht einen entscheidenden Fehler begangen: Sie verweigerte die Herausgabe einer Kopie des geheimen Ehevertrages. Damit aber blieb sie für Friedrich August eine tickende Zeitbombe, denn es bestand die Gefahr, dass sie aus Rache und gekränkter Eitelkeit mit dem Dokument an die Öffentlichkeit gehen und den sächsischen Kurfürsten und König von Polen als Bigamisten entlarven würde. Das durfte er auf keinen Fall zulassen.

Was nun geschah, ist nicht völlig geklärt. Fest steht jedoch, dass Constantia im Dezember 1715 Schloss Pillnitz verließ und nach Berlin reiste. Wollte sie hier ihren Vetter Graf Rantzau treffen, der den geheimen Ehevertrag im Brockdorff'schen Familienarchiv aufbewahrte? Für Friedrich August stand jedenfalls fest, dass Constantia entschlossen war, das Geheimnis preiszugeben. Umgehend nahm er Kontakt zum Berliner Königshof auf und veranlasste, dass die Cosel verhaftet und im Tausch gegen preußische Deserteure nach Sachsen ausgeliefert wurde. 1716 brachte man Constantia als Gefangene auf die Festung Stolpen östlich von Dresden. Hier, hinter den dicken Mauern des Gebäudes, war das Wissen um den geheimen Ehevertrag gut aufgehoben.

Die Cosel ahnte damals noch nicht, dass sie 49 Jahre lag, bis zu ihrem Tod 1785, unter strenger Bewachung auf Stolpen bleiben sollte. Eigentlich hätte man sie spätestens nach Friedrich Augusts Tod 1733 freilassen können, aber vielleicht hatte man die königliche Mätresse zu diesem Zeitpunkt schon längst vergessen ...

Der alternde Kurfürst

Es hat den Anschein, als habe Friedrich August nach dem Sturz der Cosel nur noch wenig Interesse verspürt, sich eine neue Mätresse zu suchen. So langsam ging er auf die fünfzig zu und das aufreibende Leben hatte seine Spuren hinterlassen. Allerdings war ein echter Barockfürst ohne Mätresse undenkbar, zumal August der Starke inzwischen wieder König von Polen war. Und so entschied er sich schließlich für eine Nachfolgerin aus dem polnischen Hochadel, die 1793 geborene Maria Magdalena von Dönhoff, die Tochter des polnischen Großmarschalls. Doch sein Interesse an ihr war eher bescheiden, wenngleich die Dönhoff geradezu eine „Mustermätresse" darstellte. Sie zeigte keinerlei Interesse an Politik und besaß auch sonst wenig Ehrgeiz. Allerdings konnte man mit ihr – anders als mit der Cosel – auch keine anregenden Gespräche führen. Wenn Maria Magdalena nicht gerade mit ihrer Garderobe beschäftigt war, dann spielte sie vorzugsweise mit ihren Affen und Papageien. Aber sie nahm auch nichts übel. Als Sachsens erster Minister Flemming sie während eines Gartenfests nach reichlichem Alkoholgenuss einmal als „kleine Hure" bezeichnete, da lachte sie nur. Ein Zeitgenosse schrieb im Dezember 1718: *Die Gräfin ist wie ein Kind, das nicht alleine laufen kann und das auf die Nase purzelt, sobald man aufhört, es zu führen.* Nur ein Jahr später verabschiedete sich Friedrich August

Die Mätressen Augusts des Starken 57

von der dümmlichen Mätresse, sorgte jedoch dafür, dass auch sie standesgemäß verheiratet wurde.

Friedrich Augusts Erster Minister Jakob Heinrich von Flemming beurteilte das Liebesleben seines Königs 1722 folgendermaßen: *Sein größtes Vergnügen war die Liebe, obwohl er nicht so viel Spaß an ihr fand, wie er andere glauben machen wollte. Er hat geliebt, um Aufmerksamkeit zu erregen, jedoch auch gern geheimnisvoll, besonders am Anfang. Er war, wie er selbst sagt, nicht der Kühnste in Liebesdingen, und so hat er sich nicht oft der Gefahr ausgesetzt, abgewiesen zu werden ... In Wahrheit ist er in seinen Amouren nicht gerade der Delikateste gewesen. Gewöhnlich bevorzugte er Frauen, die schon durch andere Hände gegangen waren. Auch Bürgermädchen bis hinab zu den Gewöhnlichsten hat er nicht verschmäht.*

Eines dieser „Bürgermädchen" war die Französin Henriette Renard gewesen, Tochter eines Schankwirts in der Warschauer Altstadt. Mit ihr hatte er 1706 eine kurze, aber heftige Affäre, aus der ein Jahr später Tochter Anna Karoline hervorging. Zu diesem Zeitpunkt hatte Friedrich August die polnische Krone aber bereits wieder verloren und sich nach Dresden zurückgezogen. In den Wirren der Politik geriet die polnische Tochter wohl in Vergessenheit. Doch als Anna Karoline 1725 ihren 18. Geburtstag feierte, holte der König alles nach, erkannte sie als seine Tochter an und machte sie zur Gräfin Orzelska. Von nun an gehörte die hübsche junge Frau zum engsten Kreis der Warschauer Hofgesellschaft und Friedrich August liebte es, die muntere Anna Karoline so oft wie möglich in seiner Nähe zu haben. Nur der Trost seiner alten Tage – oder war es möglicherweise mehr? Das zumindest vermutet Wilhelmine von Bayreuth in ihren Memoiren. Sie selbst ist zwar niemals im Leben in Dresden gewesen, aber ihr königlicher Vater Friedrich Wilhelm I. hielt sich zusammen mit dem Kronprinzen Anfang 1728 eine Zeit lang am Dresdner Hof auf, was Wilhelmines Fantasie offenbar stark anregte. Sie schrieb jedenfalls: *Mein Bruder* (der spätere Friedrich der Große) *hatte sich leidenschaftlich in die Gräfin Orzelska verliebt, die zugleich die natürliche Tochter und die Mätresse des Königs war.* Doch beging Friedrich August tatsächlich Inzest? Kaum anzunehmen, denn außer Wilhelmine gibt es keine andere Quelle, die Entsprechendes auch nur im Entferntesten andeutet. Hätte der Polenkönig tatsächlich eine Liebesaffäre mit seiner eigenen Tochter gehabt, dann wäre das dem üblichen Hofklatsch gewiss nicht verborgen geblieben.

Seine Omnipotenz

Abgesehen davon war der König aufgrund seines schlechten Gesundheitszustands wohl ohnehin nicht mehr in der Lage, die Freuden der Liebe zu genießen. In den letzten Lebensjahren litt er an einer schweren Diabetes, klagte immer wieder über starke Schmerzen, Geschwüre an den Beinen und offene Wunden. Im Herbst 1726 musste ihm ein brandiger Zeh amputiert werden, weil man nur so das Leben des Königs retten konnte. Die Wunde schloss sich nur langsam, und Friedrich August blieb längere Zeit auf den Rollstuhl angewiesen. Im ärztlichen Bericht vom 20. April 1727 heißt es: *Seine Majestät kommt mir von Gesicht noch sehr verfallen und kränklich vor. Sie hatten auch eine schwache und etwas langsame Sprache. Der schadhafte Fuß stand noch gar nicht auf der Erde, sondern lag gerade gestreckt auf einem Stuhl.* Nein, das war nicht mehr August „der Starke". Zwar erholte sich der König vorübergehend, doch schon bald plagten ihn wieder unerträgliche Nerven- und Nierenschmerzen sowie häufige Ohnmachtsanfälle.

Friedrich August starb am 1. Februar 1733 im Alter von 62 Jahren und fand in der Königsgruft der Krakauer Wawelkathedrale seine letzte Ruhestätte. Mit ihm ging eine Ära zu Ende, eine glanzvolle Epoche, in der Dresden zum viel gerühmten Elb-Florenz wurde und mit opulenten Festen, die sich zum Teil über Wochen hinzogen, ganz Europa verblüffte. Kein anderer deutscher Barockfürst hat eine solche Pracht entfaltet. Noch heute stehen Touristen aus aller Welt staunend vor den Schätzen im „Grünen Gewölbe", besichtigen den berühmten Dresdner Zwinger und überqueren vielleicht die alte Elbbrücke, die seit 1990 auch wieder Augustusbrücke heißt.

Tödliche Affäre –
Dänemarks Königin Karoline Mathilde und der Leibarzt Struensee

Es wäre gewiss ein gewagtes „Experiment" gewesen, doch vielleicht hätte es tatsächlich funktionieren können: Ein Monarch mit speziellen sexuellen Neigungen hat Probleme, das Bett mit seiner Gemahlin zu teilen. Nach der Geburt eines gesunden Thronfolgers entschließt er sich daher, die ehelichen Pflichten seinem engsten Vertrauten zu überlassen, dem Leibarzt Johann Friedrich Struensee. Das Arrangement scheint perfekt, zumal auch die junge Königin Karoline Mathilde in den charmanten Doktor verliebt ist. Doch zwei Faktoren stehen dem Erfolgsmodell im Wege: die psychische Erkrankung König Christians VII. und der große politische Ehrgeiz des königlichen Leibarztes.

Noch immer trauerte ganz Dänemark um seine äußerst beliebte Königin. Friedrich V. (1724–1766) hatte wirklich ein glückliches Händchen bewiesen, als er 1743 die englische Prinzessin Louisa (1724–1751), eine Tochter Georgs II., vor den Traualtar führte. Es war eine harmonische Ehe gewesen, aus der fünf Kinder hervorgingen, von denen eines frühzeitig starb. Mit der Geburt des zweiten Sohnes Christian 1749 war die Thronfolge jedoch gesichert. Auch bei den dänischen Untertanen war Louisa sehr beliebt, zumal sie als erste Königin bereit war, die Landessprache zu lernen und dafür sorgte, dass auch ihre Kinder im Dänischen unterrichtet wurden. Eigentlich sprach man am Kopenhagener Königshof neben dem üblichen Französisch nämlich nur Deutsch, denn seit 1448 saßen Monarchen aus dem norddeutschen Haus Oldenburg auf dem

60   Tödliche Affäre

Thron.[3] Auch die meisten der königlichen Berater hatten ebenso wie die Regierungsbeamten deutsche Wurzeln. Zwar kannten die freundlichen Dänen (noch) keine allzu großen Einwände gegen die deutsche Dominanz, dennoch hatte Louisa neue Maßstäbe gesetzt, an denen sich auch ihre Nachfolgerinnen messen lassen würden. (Dabei war auch Louisa im Grunde genommen eine Deutsche, denn seit 1714 kamen Englands Könige aus dem Hause Hannover. Louisas Vater Georg II. war ein Sohn des Kurfürsten von Hannover, Louisas Mutter Caroline eine Prinzessin aus dem fränkischen Brandenburg-Ansbach.)

Nachdem Friedrich V. 1746 König von Dänemark geworden war, übte Louisa als stille Beraterin wohltuenden Einfluss auf den Monarchen aus, förderte Kunst und Kultur, was sich auch auf die Atmosphäre am Kopenhagener Hof positiv auswirkte. Umso größer war der Schock, als plötzliche Komplikationen während der sechsten Schwangerschaft der Königin im Jahr 1751 zum frühen Tod der erst 27-Jährigen führten.

Zwar heiratete Friedrich V. bereits ein Jahr später ein zweites Mal, doch seine neue Gemahlin Juliane Marie von Braunschweig-Wolfenbüttel (1729–1796), eine Schwägerin Friedrichs des Großen, konnte die sanfte Louisa nicht ersetzen. Nicht ihrem königlichen Gemahl und ebenso wenig den dänischen Untertanen. Nach der Geburt eines Sohnes 1753 entwickelte Juliane zudem enormen politischen Ehrgeiz und war bereit, alles dafür zu tun, ihrem eigenen Kind den Weg zum Thron zu ebnen und den legitimen Erben, Kronprinz Christian, irgendwie auszuschalten. Gewiss wird sie gehofft haben, dass der kränkliche Stiefsohn frühzeitig sterben würde.

Die königliche Ehe wurde nicht glücklich. Friedrich V. begann zu trinken und starb 1766 an den Folgen des verheerenden Alkoholmissbrauchs. Jetzt bestieg sein erst 17-jähriger Sohn als Christian VII. den dänischen Thron, ein scheinbar hoffnungsvoller junger Mann, der sein Land aus den Verkrustungen des Absolutismus befreien sollte. Er galt als der Typ eines neuen Herrschers, klug und fortschrittlich, ein Verehrer Voltaires und dessen auf-

---

[3] Seit dem Erlöschen des Hauses Oldenburg 1863 stammen die dänischen Monarchen aus der Nebenlinie Schleswig-Holstein-Sonderburg-Glücksburg – bis heute.

geklärten Ideen. Noch glaubte man, Christian werde ein moderner Monarch werden, ein „Friedrich der Große auf dem dänischen Thron". Auch eine passende Gemahlin für Christian VII. hatte man bereits gefunden. 1751, im Todesjahr der Königin Louisa, war eine andere englische Prinzessin zur Welt gekommen: Karoline Mathilde, Tochter des englischen Thronerben Friedrich Ludwig und seiner Gemahlin Augusta, einer geborenen Prinzessin von Sachsen-Gotha. Deshalb stand fest: Als Nichte der früh verstorbenen Louisa sollte Karoline Mathilde als dänische Königin einmal in deren Fußstapfen treten. Doch würde die noch kindliche Matilda, wie sie in der Familie genannt wurde, die in sie gesetzten hohen Erwartungen tatsächlich erfüllen können?

Karoline Mathilde – die „Rose Englands"

Als Karoline Mathilde am 22. Juli 1751 das Licht der Welt erblickte, war sie bereits Halbwaise. Ihr Vater, als ältester Sohn Georgs II. mutmaßlicher Thronfolger, war vier Monate zuvor einem nicht näher bekannten Leiden erlegen. Mutter Augusta, nunmehr Witwe mit neun Kindern, hatte damit nicht nur ihren Gemahl verloren, sondern auch die Aussicht auf eine glanzvolle Zukunft als englische Königin. Aber sie zog ohnehin ein beschauliches Dasein auf dem Landsitz Kew dem von der Etikette bestimmten Leben im Londoner Königspalast vor.

So wuchs die kleine Matilda zusammen mit ihren Geschwistern im ländlichen Kew auf. Trotzdem sorgte die Mutter für eine standesgemäße Ausbildung ihrer Kinder, die schließlich später einmal alle in regierende Fürstenhäuser einheiraten sollten. Doch das lag alles noch in ferner Zukunft und Matilda, die man später die „Rose Englands" nannte, verbrachte eine recht unbeschwerte und weitgehend glückliche Kindheit.

Doch die Zeit verging. Nach dem Tod ihres königlichen Großvaters Georg II. 1760 bestieg Matildas 22-jähriger Bruder als der Dritte dieses Namens den englischen Thron. Nun war er dafür verantwortlich, dass seine Geschwister standesgemäß und möglichst politisch opportun verheiratet wurden. Als Erstes sorgte er dafür, dass seine älteste Schwester, die nach der Mutter Augusta (1737–1813) genannt worden war, den Erbprinzen von Braunschweig-Wolfenbüttel ehelichte. Doch auch der künftige Ehemann

Königin Karoline Mathilde mit ihrer Schwester, Gemälde von Francis Cotes.

Dänemarks Königin Karoline Mathilde und der Leibarzt Struensee   63

der kleinen Matilda stand bekanntlich schon fest: Um die englischen Inter-essen im Ostseeraum zu wahren und in Erinnerung an die glückliche Ehe Louisas mit Friedrich V. von Dänemark sollte Matilda einmal den zwei Jahre älteren Thronfolger Christian heiraten. So würde man eine gute Tra-dition fortsetzen.

Wie andere Prinzessinnen in vergleichbarer Situation war auch Matilda keineswegs begeistert von der Aussicht, einen Unbekannten heiraten zu müssen. Doch sie konnte sich damit trösten, dass bis dahin noch ein paar Jahre ins Land gehen würden. In dieser Zeit konnte viel geschehen.

Hochzeit zweier Kinder

Es geschah tatsächlich etwas, allerdings keineswegs im Sinne Matildas. Durch den plötzlichen Tod des Dänenkönigs Friedrich V., der nur 42 Jahre alt geworden war, brauchte Christian VII. schon jetzt eine Frau an seiner Seite. Dabei ging es nicht nur um die baldige Sicherstellung der Thronfolge. Der junge Monarch, der eigentlich sein Land in die Moderne führen sollte, war bislang eher durch pubertäre Streiche aufgefallen. Einmal war er wäh-rend eines festlichen Diners heimlich hinter seine Großmutter geschlichen und hatte der Königin-Witwe Sophie Magdalene mit einer ordentlichen La-dung Puderzucker die Frisur ruiniert. Das mochte nicht ganz so tragisch gewesen sein, zumal sich dieser Vorfall hinter den dicken Mauern von Schloss Christiansborg[4] zugetragen hatte, der Kopenhagener Residenz der dänischen Könige. Andere Aktionen des jugendlichen Monarchen waren da schon bedenklicher. Christian liebte es, sich zusammen mit seinen Kumpa-nen zu betrinken, um anschließend grölend durch die Stadt zu ziehen, Fensterscheiben einzuwerfen und brave Bürger zu erschrecken. Einem sol-chen Treiben musste unverzüglich Einhalt geboten werden. Künftig sollte sich der König mehr auf seine hübsche Ehefrau konzentrieren, Matilda, die „Rose Englands".

---

[4] Dabei handelt es sich um das alte Rokokoschloss, das 1794 bei einem Brand völ-lig zerstört wurde. Der Bau des heutigen Christiansborg stammt aus späterer Zeit.

64 Tödliche Affäre

Glaubte man tatsächlich, eine völlig unerfahrene 15-Jährige wäre in der Lage, den König zur Vernunft zu bringen? Es scheint so, denn man beschloss, die Hochzeit der beiden Kinder um ein Jahr vorzuziehen. Nach einer prokuratorischen Trauung in Abwesenheit des Bräutigams musste Matilda im Herbst 1766 ihre englische Heimat für immer verlassen und in Kopenhagen ein völlig neues Leben beginnen. Selbst ihre vertrauten Hofdamen durfte sie nicht mitnehmen.

Mit klopfendem Herzen bereitete sich Matilda auf die erste Begegnung mit ihrem Ehemann und der dänischen Königsfamilie vor. Zum Glück verlief der feierliche Empfang überaus freundlich, Christian drückte seiner verdutzten Gemahlin gleich einen dicken Kuss auf die Wange, während seine Schwestern und Großmutter Sophie Magdalene das neue Familienmitglied herzlich in Dänemark begrüßten. Dass Christians Stiefmutter Juliane Marie eher etwas zurückhaltend reagierte, dürfte Matilda bei aller verständlichen Aufregung gar nicht aufgefallen sein.

Am 6. November 1766 fand die offizielle Trauung des jungen Königspaares statt. Die Hochzeitsgäste waren ganz begeistert von der hübschen jungen Braut mit den mädchenhaften Zügen und weißblonden Haaren. Nur Christian stand etwas unbeholfen neben seiner frisch angetrauten Gemahlin und wusste nicht so recht, was er mit der jungen Frau anfangen sollte.

Unterwegs mit „Stiefeletten-Katherine"

Zunächst glaubten die königlichen Berater noch, dass es Schüchternheit und Unsicherheit waren, die Christian VII. daran hinderten, das zu tun, was ein frischgebackener Ehemann üblicherweise in der Hochzeitsnacht zu tun pflegt. Doch es steckte offenbar mehr dahinter als ganz normale Hemmungen. Schließlich wehrte sich der König mit Händen und Füßen dagegen, das Schlafgemach der bezaubernden Mathilde zu betreten. Erst als man mit Engelszungen auf ihn einredete und ihm klarmachte, er würde sich sonst der Lächerlichkeit preisgeben und seine Männlichkeit sowie die königliche Autorität unwiderruflich beschädigen, zeigte sich Christian widerwillig bereit, den von ihm erwarteten Akt zu vollziehen. Wie ein dänischer Historiker später schrieb, musste er *nahezu mit Gewalt zur Königin geführt*

Dänemarks Königin Karoline Mathilde und der Leibarzt Struensee 65

werden. Irgendwie ist es ihm aber trotzdem gelungen, einen Thronfolger zu zeugen ...

Tatsächlich galten Christians sexuelle Neigungen überhaupt nicht dem weiblichen Geschlecht, zumindest nicht solchen zarten Frauen wie Mathilde. Stattdessen fühlte er sich zu einer eher maskulinen Mätresse hingezogen, die man am Hof unter dem Namen „Stiefeletten-Katherine" kannte. Katharina, aus einfachen Verhältnissen stammend, groß und kräftig, kleidete und benahm sich eher wie ein Mann, war ebenso robust und trinkfest. Nach reichlichem Alkoholgenuss begleitete sie Christian auf seinen nächtlichen Streifzügen durch Kopenhagen, zertrümmerte mit ihm Laternen und Fensterscheiben und ließ ihn völlig vergessen, dass Mathilde auf Schloss Christiansborg im Ehebett auf ihn wartete.

So hatte sich die junge Königin ihr Leben in Kopenhagen bestimmt nicht vorgestellt. Ein Ehemann, der sich höchst seltsam benahm, dazu eine vergnügungssüchtige Hofgesellschaft, die sie in der Abgeschiedenheit des ländlichen Kew niemals kennen gelernt hatte. Matilda war unglücklich und fühlte sich völlig fehl am Platze.

Es dauerte jedoch nicht lange und die Königin spürte, dass sie schwanger war. Trotz aller Abneigung war es Christian VII. tatsächlich gelungen, einen Thronfolger zu zeugen: Am 28. Januar 1768 brachte Matilda einen Sohn zur Welt, der nach dänischer Tradition den Namen Friedrich (Frederick) nach dem verstorbenen Großvater erhielt. Nun, da der König seine vorerst wichtigste Pflicht erfüllt hatte, hielt er es nicht mehr für nötig, sich überhaupt noch mit Matilda abzugeben. Er wollte sie auch gar nicht mehr sehen. Während Mutter und Sohn im Kopenhagener Residenzschloss zurückblieben, vergnügte sich Christian mit seiner „Stiefeletten-Katherine" auf dem Sommersitz Fredericksborg und verdrängte offenbar, dass er als König von Dänemark auch noch Regierungspflichten zu erfüllen hatte.

Allmählich wurden die königlichen Berater nervös. Hatten sie anfangs noch geglaubt, Christians Verhalten sei Ausdruck pubertären Aufbegehrens, so begannen sie allmählich an dieser harmlosen Erklärung zu zweifeln. Waren es nicht tatsächlich Anzeichen einer Geisteskrankheit, die immer deutlicher in den Vordergrund traten? Ausgelassenheit und fragwürdige Vergnügungen des Königs wechselten sich ab mit Phasen tiefer Depression. Wie konnte man dem König und seinem Land bloß helfen? Eine Antwort lautete: Zunächst musste „Stiefeletten-Katherine" aus Kopenhagen ver-

66 Tödliche Affäre

schwinden, dann sollte Christian VII. während einer ausgedehnten Reise
durch England und Frankreich auf andere Gedanken – und vielleicht auch
zur Vernunft – kommen.

Johann Friedrich Struensee

Um den angestrebten „Heilungsprozess" des Königs zu unterstützen, wurde
im Mai 1768 der renommierte Mediziner Johann Friedrich Struensee, eine
Kapazität auf seinem Gebiet, als Reisearzt verpflichtet. 1737 in Halle an der
Saale geboren, war Struensee schon als Jugendlicher zum Medizinstudium
zugelassen worden und erst 19 Jahre alt, als man ihm den Doktortitel verlieh. Der junge Mann wurde als Stadtphysicus von Altona verpflichtet, das
damals noch zu Dänemark gehörte. Hier erwarb er sich durch fortschrittliche Methoden bald einen hervorragenden Ruf, denn er setzte sich für ver-
besserte Hygiene sowie systematische Seuchenbekämpfung ein und praktizierte schon früh die Impfung gegen Pocken, die damals noch in den
Kinderschuhen steckte und entsprechend umstritten war. Obendrein war
Struensee ein glühender Verfechter der Aufklärung, der die Ideen von
Voltaire und Rousseau begeistert in sich aufgenommen hatte. Er träumte
davon, dass diese Ideen eines Tages auch in die Tat umgesetzt und Eingang
in den politischen Alltag finden würden.

Während Struensee mit Christian VII. und dessen Entourage durch West-
europa reiste und an den Höfen von London und Paris Station machte, hatte
er genügend Zeit, den jungen Dänenkönig genauer kennen zu lernen. Beide
Männer waren sich auf Anhieb sympathisch und entdeckten auch ihre gemeinsame Basis in politischen Fragen. Doch während der achtmonatigen
Reise fielen Struensee auch die starken Gemütsschwankungen Christians VII. auf, seine Rastlosigkeit und Reizbarkeit, die sich mit Phasen düsterer
Zurückgezogenheit abwechselten. Struensee beobachtete seinen königlichen
Patienten sehr genau und er scheint bald erkannt zu haben, dass Christian an
einer psychischen Erkrankung litt, die wir heute als Schizophrenie bezeichnen. Die Symptome schienen eindeutig: Zerstreutheit, unlogische Handlungen, Reizbarkeit und Aggressivität, aber auch Wahnvorstellungen und Ver-
folgungswahn. Was den Umgang mit dem Patienten besonders schwierig
machte, war die Tatsache, dass sich Christian allen gut gemeinten Ratschlä-

gen entzog. Stattdessen tat er meist das genaue Gegenteil dessen, was ihm empfohlen wurde. Auch dieser sogenannte Negativismus gehört zum Krankheitsbild der Schizophrenie.

Bei der Schizophrenie handelt es sich zwar nicht um eine Erbkrankheit, doch eine genetische Disposition liegt durchaus vor. In Adelskreisen war das Risiko natürlich besonders groß, denn die Ehepartner waren alle irgendwie miteinander verwandt. Wer weiß, vielleicht war es sogar die populäre Königin Louisa gewesen, die die entsprechenden Gene an ihren Sohn weitergegeben hatte. In ihrer Familie hatte es im 16. Jahrhundert einen ganz ähnlichen Fall gegeben. Herzog Wilhelm von Braunschweig-Lüneburg (1535–1592) hatte Anzeichen geistiger Verwirrung gezeigt, die denen Christians VII. durchaus vergleichbar waren. Auch er bekam regelmäßige Anfälle von Raserei, lief nachts durch die Gassen seiner Residenzstadt Celle und schoss wahllos mit Pistolen um sich. Zwar gab es immer wieder Phasen völliger Normalität, doch zum Schluss verhielt er sich so sonderlich, dass man ihn nicht mehr in die Öffentlichkeit lassen konnte.

Allmählich gelang es Struensee immer besser, sich in das gestörte Seelenleben seines Patienten Christian VII. hineinzufühlen und schließlich dessen vollständiges Vertrauen zu gewinnen. Als sich die Reisegesellschaft Anfang 1769 wieder auf dem Weg nach Dänemark befand, bat Christian seinen ärztlichen Begleiter, nicht nach Altona zurückzukehren, sondern künftig als königlicher Leibarzt zu fungieren. Struensee nahm das Angebot gerne an und wurde wenige Monate später vom König zum Staatsrat ernannt. Für Christian VII. war sein kluger Leibarzt fortan „Friedrich der Große", denn er selbst, das wusste er, hatte nicht das Format, ein wirklich guter König zu sein.

Struensee an Matildas Krankenbett

Während der ausgedehnten Reise des Königs war Matilda in Kopenhagen zurückgeblieben, hatte die ruhige Zeit genossen und sich überwiegend um ihren kleinen Sohn gekümmert. Sie hatte große Angst, was sie nach der Rückkehr ihres Gemahls erwarten würde, wurde dann allerdings angenehm überrascht. Die Reise schien Christian wirklich gutgetan zu haben, sein Gesundheitszustand hatte sich offenbar stabilisiert, er wirkte viel ruhi-

Portrait des Johann Friedrich Struensee.

ger, entspannter und war Matilda gegenüber von ausgesuchter Höflichkeit, auch wenn er die Intimität des Schlafgemachs nach wie vor ängstlich mied. Der 18. Geburtstag der Königin wurde auf Schloss Christiansborg mit aller Pracht gefeiert. Schien sich nun doch alles zum Guten zu wenden? Doch dann kam der unvermeidliche Rückschlag. Christian VII. stieß Matilda erneut zur Seite und stürzte sich wieder in sein altes Lotterleben. Diesen abrupten Wechsel hat die Königin offenbar nicht verkraftet. Vielleicht erlitt sie einen Nervenzusammenbruch, vielleicht aber wollte sie auch einfach nichts mehr sehen und hören. Sie zog sich völlig vom höfischen Leben zurück und legte sich ins Bett, um es tagelang nicht mehr zu verlassen. Ärztliche Hilfe lehnte Matilda ab und Herrn Dr. Struensee, den neuen königlichen Leibarzt, wollte sie erst recht nicht sehen. Allen Männern aus der engsten Umgebung Christians VII. brachte sie ein tiefes Misstrauen entgegen.

Irgendwie hat es Struensee aber doch geschafft, zum Krankenlager der Königin vorgelassen zu werden. Er scheint gleich erkannt zu haben, dass sie mit den Nerven völlig am Ende war, und forderte sie auf, offen alles auszusprechen, was sie in ihrem Innersten bedrückte. Matilda, die sich zunächst so gegen Struensees Anwesenheit gesträubt hatte, begann, sich dem einfühlsamen Arzt ganz allmählich zu öffnen, und spürte bald, wie gut ihr die langen Gespräche taten.

Niemand weiß, worüber genau die Königin mit Struensee geredet hat. Auf jeden Fall aber erwies sich die Gesprächstherapie als erfolgreich. Nach einer Woche verließ Matilda das Krankenbett und wandte sich mit neuer Kraft dem Leben zu. Gehorsam befolgte sie alle Ratschläge, die ihr der Leibarzt für ihr körperliches und seelisches Wohlbefinden gegeben hatte: möglichst viel Aufenthalt an der frischen Luft, ausgedehnte Spaziergänge mit ihren Hofdamen sowie längere Ausritte durch die Umgebung. Die Therapie schlug an und Matilda blühte zusehends auf. Hatte Dr. Struensee ein kleines Wunder bewirkt?

Liebhaber der Königin?

Vor allem eines fiel der Hofgesellschaft auf: Matilda, die bis dahin so scheu und ängstlich gewirkt hatte, trat nun wesentlich selbstbewusster auf, auch gegenüber dem König. Christian VII. änderte sein Benehmen ebenfalls und wurde wesentlich freundlicher zu ihr. Ein Hofbeamter schrieb später: *Es ging besser, als man erhofft hatte.* *Der König zeigte sich von seiner besten Seite, es war wie ein letztes Aufflackern seines früher meist ungezügelten Temperaments, bevor er in die Dämmerung des Stumpfsinns hinüber glitt, der das nächste Stadium seiner fortschreitenden Geisteskrankheit bildete.* Tatsächlich war es Struensee gelungen, das zuvor ständig zerstrittene Herrscherpaar dauerhaft zu versöhnen. Wie er das geschafft hat, lässt sich nur erahnen. Da aber Christian VII. seinem Leibarzt völliges Vertrauen entgegenbrachte, wird er ihm gewiss von seinen schlimmsten Seelenqualen berichtet haben: Als guter Ehemann hätte er eigentlich regelmäßig das Bett mit seiner Gemahlin teilen sollen, doch es widerstrebte ihm, mit Matilda intim zu werden. Das hatte nichts mit der hübschen Königin zu tun, sondern mit seinen eigenen sexuellen Neigungen. Vermutlich war Christian VII. schlicht und einfach homosexuell. Das offen auszusprechen, muss den König große Überwindung gekostet, ihn aber auch innerlich befreit haben. Struensee hatte jedenfalls vollstes Verständnis für die Nöte seines königlichen Patienten und scheint ihm geraten zu haben, die Dinge so zu nehmen, wie sie nun einmal sind. Wenn ihm das intime Zusammensein mit Matilda so widerstrebte, dann solle er sich auch nicht dazu zwingen. Schließlich gäbe es ja bereits einen gesunden Thronfolger. Insofern habe der König seine Pflicht erfüllt. Es ist anzunehmen, dass sich Christian VII. nach dieser Aussprache nicht nur von einer großen Last befreit fühlte, sondern auch von erheblichen Schuldgefühlen, die ihn bis dahin gequält hatten. Seinem labilen Gesundheitszustand konnte das nur zuträglich sein.

Vermutlich wird Struensee nach dem freimütigen Geständnis Christians VII. auch mit Mathilde über das heikle Thema und die sexuellen Präferenzen des Königs gesprochen haben. Und dabei muss ihr klar geworden sein: All das hatte gar nichts mit ihr zu tun, sie war an dem Fiasko im königlichen Schlafzimmer vollkommen unschuldig! Und künftig musste sie auch keine „Zärtlichkeiten" ihres Gemahls mehr über sich ergehen lassen. Man kann davon ausgehen, dass sich Matilda ebenso erleichtert fühlte wie Christian. Die eigentliche Ursache ihres schweren Zerwürfnisses, sein sexuelles Desinteresse an Frauen, war endlich auf dem Tisch, jetzt konnten die beiden unbefangen aufeinander zugehen. Zumindest in den Zeiten, in denen sich der König normal verhielt.

Inzwischen hatte Matilda angefangen, den klugen Dr. Struensee mit

Dänemarks Königin Karoline Mathilde und der Leibarzt Struensee   71

ganz anderen Augen zu sehen, und es wird ihr nicht entgangen sein, dass der 33-Jährige ausgesprochen charmant und gut aussehend war. Ein Zeitgenosse zumindest hat ihn folgendermaßen beschrieben: *Ein junger Mann, blond, vollkommen schön gewachsen, von regelmäßiger Gesichtsbildung.* Gleichzeitig attestierte er Struensee ein *angenehmes Lächeln, Augen voller Lebhaftigkeit, Gewandtheit von körperlichen Übungen.* Er war ein ausgezeichneter *Tänzer und kühner Reiter, doch ohne Anspruch, damit zu glänzen, von angenehmen, freien Manieren und feinem Benehmen in der Gesellschaft.* Wen wundert es also, dass sich Matilda in diesen Adonis verliebte? Nach ihrer Genesung im Januar 1770 bestand sie jedenfalls darauf, den königlichen Leibarzt stets in ihrer Nähe zu haben, und ließ Struensee eine eigene Wohnung auf Schloss Christiansborg einrichten. Christian VII. hatte nichts dagegen einzuwenden, dass Struensee und Matilda so viel Zeit wie möglich miteinander verbrachten, zusammen spazieren gingen oder Ausritte machten. Und nicht nur das. Wenn nicht alles täuscht, dann hat der König seinem Leibarzt auch die ausdrückliche Genehmigung erteilt, seine „ehelichen Pflichten" zu übernehmen und Matildas Geliebter zu werden. Von Eifersucht zeigte er nicht die geringste Spur, im Gegenteil. Das fröhliche Trio war geradezu ein Herz und eine Seele. Man ging zusammen ins Theater, speiste gemeinsam an der königlichen Tafel und reiste vergnügt durch Dänemark. So hätte es ewig weitergehen können, wenn nicht ...

Struensees Reform-Feuerwerk

Als königlicher Leibarzt hatte Struensee eigentlich alle Hände voll zu tun, dennoch fühlte er sich wohl nicht ganz ausgelastet. Während der Reise durch England und Frankreich hatte er mit Christian VII. ausführliche Gespräche darüber geführt, dass in Dänemark längst überfällige Reformen durchgeführt werden müssten. So manches lag im Argen: Die Bauern lebten in drückender Leibeigenschaft, es herrschte strenge Zensur, die protestantische Kirche des Landes wachte eifersüchtig über ihre starke Position, in der Staatsverwaltung waren Korruption und Ämterschacher stark verbreitet. Struensee sah keine andere Möglichkeit, als einen radikalen Schnitt vorzunehmen. Die alte Regierung wurde mit Einverständnis des Königs nach und nach ausgetauscht, auch der langjährige Erste Minister Johann Hertwig

Ernst von Bernsdorff, der sich schon unter Friedrich V. für moderate Reformen eingesetzt hatte. Stattdessen holte Struensee seine eigenen Vertrauten nach Kopenhagen und hievte sie in die entscheidenden Positionen. So arbeitete sich der Leibarzt Schritt für Schritt zu den Schalthebeln der Macht vor, ohne dass Christian VII. irgendwelche Einwände erhoben hätte. Zunächst arbeiteten der König und Struensee gemeinsam daran, ihre Ideen eines modernen Staates im Sinne der Aufklärung in die Tat umzusetzen, und führten vielfältige Reformen durch: Meinungs- und Pressefreiheit, Abschaffung der Folter, Reform des Schulwesens, des Gerichts- und Finanzwesens und schließlich auch die Durchsetzung der Glaubensfreiheit. Als Christian VII. dann zunehmend in Apathie versank, machte Struensee alleine weiter und legte dem König die entsprechenden Papiere nur noch zur Unterschrift vor. Das alles geschah in einem rasanten Tempo. In nur 16 Monaten verfasste der Leibarzt fast 2000 neue Verordnungen – und verprellte damit nicht nur die alten Eliten.

Der Adel begehrte auf, als seine Rechte beschnitten und die Leibeigenschaft abgeschafft werden sollte, aber auch in der einfachen Bevölkerung, die eigentlich von den Reformen profitierte, regte sich der Unmut. Paradoxerweise war es gerade die von Struensee eingeführte Pressefreiheit, die sich nun gegen ihn wandte. Schon seit geraumer Zeit hatte sich in Dänemark eine kräftige nationale Strömung entwickelt, die sich gegen das alles beherrschende Deutschtum richtete. Immer mehr Einheimische drängten in höhere Positionen im Staatsdienst und fühlten sich den ausländischen Aristokraten ebenbürtig. Nun war Struensee zwar kein Aristokrat, doch als Deutscher geriet er zunehmend in Misskredit. Ein weiterer Kritikpunkt aus allen Schichten der Bevölkerung war seine offensichtliche Affäre mit Karoline Mathilde. *Die Partei der Königin ist jetzt an der Macht*, hieß es. Die Zeitungen druckten bissige Karikaturen, empört über die skandalöse Liebesbeziehung ihrer Königin zu einem Bürgerlichen.

Struensees Sturz

Dass Matilda erneut sichtbar schwanger war, machte die Sache nicht besser. Als sie am 7. Juli 1771 ihre Tochter Luise Augusta zur Welt brachte, sprach man ganz öffentlich von „Prinzessin Struensee" – und wahrscheinlich hatte

Dänemarks Königin Karoline Mathilde und der Leibarzt Struensee   73

man damit Recht, selbst wenn Christian VII. in einer seiner wenigen klaren Phasen das Kind als sein eigenes anerkannte. Doch der Gesundheitszustand des Königs verschlechterte sich auf dramatische Weise weiter. Bisweilen schien er in eine Art Trance zu verfallen und war von niemandem ansprechbar, dann wieder zeigten sich Anfälle von Raserei, er stürmte schreiend durch die Räume des Schlosses, zerschlug Bilder, Gemälde und Porzellan. Struensee, inzwischen vom Staatsrat zum privaten Kabinettsekretär aufgestiegen, traf von nun an alle politischen Entscheidungen allein. Der König unterschrieb nur noch das, was der Leibarzt ihm vorlegte. Das konnte auf Dauer nicht gut gehen.

Die Situation spitzte sich zu, als durch Missernten im Sommer 1771 eine Hungersnot drohte. Protestantische Pfarrer predigen von der Kanzel, dies sei die Strafe Gottes für die Missstände im dänischen Königshaus. Zwar ordnete Struensee unverzüglich ein Exportverbot für Getreide an und befahl, das Korn an die einheimische Bevölkerung zu verteilen. Das brachte ihm jedoch keine Anerkennung. Es mochte der Situation angemessen sein, verprellte aber den großgrundbesitzenden Adel. Ohnehin hatte sich um Königin-Witwe Juliane Marie und ihren Sohn schon längst eine Adelsopposition gebildet, die Struensee ein für alle Mal Einhalt gebieten wollte. Gerüchte kursierten, der Leibarzt wolle Christian VII. vom Thron stoßen, Karoline Mathilde heiraten und selbst König von Dänemark werden.

Allem Anschein nach war Struensee völlig ahnungslos und merkte nicht, wie sich die Schlinge um seinen Hals immer fester zuzog. Sein Gewissen war rein, schließlich verstand er sich als Wohltäter der Dänen. Vielleicht wäre alles anders gekommen, wäre er bei seinen Reformen nicht so schnell und eigenmächtig vorangeprescht. Er hatte keinen Versuch unternommen, andere Entscheidungsträger um Rat zu fragen und in seine Verordnungen einzubinden. Vielleicht wäre ein moderater Weg sinnvoller gewesen, zumal etliche von Struensees Gesetzen im Detail wenig durchdacht waren. Ihm fehlte wohl auch das staatsmännische Format. So aber saß Struensee zwischen allen Stühlen. Außer dem König (und der Königin) hatte er keine Verbündeten, und Christian VII. war nun endgültig in die „Dämmerung des Stumpfsinns" hinübergeglitten, wie es der Hofbeamte einmal formuliert hatte. Das Band, das König und Leibarzt miteinander verbunden hatte, löste sich immer weiter auf. Und so gelang es dem Anführer der Opposition Ove Guldberg, einem Vertrauten von Königin Juliane Marie, auf geschickte

Weise, bei Christian VII. Misstrauen an der Loyalität seines Leibarztes zu erwecken. Struensee plane Böses, flüsterte er ihm ein, in Wirklichkeit wolle er den König umbringen und sich selbst zum Monarchen aufschwingen. Eile sei geboten. Man müsse Struensee schleunigst aus dem Weg räumen, bevor er zum Mörder werden konnte. Schließlich war Guldberg am Ziel: Christian VII. unterzeichnete, wenn auch in geistiger Verwirrung, den Haftbefehl gegen seinen Leibarzt und privaten Kabinettsekretär.

Nun galt es keine Zeit mehr zu verlieren. Am 17. Januar 1772, nachdem man auf Schloss Christiansborg noch einen ausgelassenen Maskenball gefeiert hatte, wurde Johann Friedrich Struensee in seinem Schlafzimmer verhaftet und ins Gefängnis geworfen, während Matilda nach Schloss Kronburg gebracht wurde, wo sie für die nächsten Wochen unter Hausarrest stand.

Exil und früher Tod Matildas

Die Königin war völlig verwirrt. Zwar bestritt sie energisch, jemals eine Liebesbeziehung zu Struensee gehabt zu haben, doch als man ihr dessen schriftliches Geständnis vorlegte, war sie bereit, es ebenfalls zu unterzeichnen. Andernfalls, so hatte man ihr gedroht, würde sie ihre Tochter nicht mehr wiedersehen.

Damit war das Schicksal der beiden Liebenden besiegelt. Struensee wurde wenig später wegen Hochverrats zum Tode verurteilt und am 23. April 1772 öffentlich hingerichtet. Als Schwester des englischen Königs Georg III. blieb Matilda der Gang zum Schafott zwar erspart. Doch ihre Ehe wurde geschieden, sie selbst des Landes verwiesen und nach Celle gebracht, das zum Kurfürstentum Hannover und damit zum Herrschaftsbereich ihres Bruders gehörte. Hier war sie keine Gefangene, sondern konnte sich frei bewegen.

Ihre beiden Kinder musste Matilda jedoch in Dänemark zurücklassen, wo Ove Guldberg jetzt als neuer Machthaber alle Reformen Struensees unverzüglich rückgängig machte.[5] „Prinzessin Struensee" Luise Augusta

---

[5] 1784 erzwang Kronprinz Friedrich von seinem Vater die Absetzung Guldbergs und setzte das Reformwerk auf gemäßigte Weise durch. Nach dem Tod Christians VII. 1808 bestieg er als Friedrich VI. den dänischen Thron.

Dänemarks Königin Karoline Mathilde und der Leibarzt Struensee

wurde der Obhut ihrer Stiefgroßmutter Juliane Marie übergeben, bis sie als 15-Jährige mit Friedrich Christian von Schleswig-Holstein-Sonderburg-Augustenburg verheiratet wurde. Das wäre vielleicht nicht weiter erwähnenswert, zumal die Prinzessin schon längst in Vergessenheit geraten ist. Nicht aber ihre berühmte Urenkelin: Auguste Viktoria (1858–1921), Gemahlin Wilhelms II. und Deutschlands letzte Kaiserin. Ob man am standesbewussten Hohenzollernhof wohl ahnte, dass tatsächlich ein Bürgerlicher zu den Vorfahren der Kaiserkinder gehörte? Die Hochzeit ihrer einzigen Tochter hat Matilda nicht mehr erlebt. Sie starb schon am 11. Mai 1775 auf Schloss Celle, vermutlich an einer Scharlacherkrankung. Ein trauriges Ende der „Rose Englands", auf die die Dänen doch solch große Hoffnungen gesetzt hatten.

Liebesgrüße aus St. Petersburg –
Katharina die Große und ihre Favoriten

Das 18. Jahrhundert war bekanntlich auch ein Zeitalter der Mätressen. Ganz gleich, ob Paris, London oder Dresden – für die Monarchen gehörte es gewissermaßen zum guten Ton, sich neben der angetrauten Gemahlin noch eine attraktive „Nebenfrau" zu leisten. Auch der Hof in St. Petersburg machte da im Prinzip keine Ausnahme. Allerdings saßen hier mit Elisabeth und Katharina der Großen zwei Damen auf dem russischen Zarenthron. Trotzdem dachten die beiden im Traum nicht daran, auf ihre Favoriten zu verzichten, ganz ungeachtet der Tatsache, dass Katharina viele Jahre lang verheiratet war. Noch heute wird daher gerätselt: War ihr Sohn Paul tatsächlich ein echter Romanow?

Galten damals wirklich alle fürstlichen Heiratskandidatinnen als willenlose Figuren auf dem Schachbett der Politik? Durchaus nicht. Großfürstin Elisabeth (1709–1762), die Tochter Peters des Großen, hatte eines schon als junges Mädchen unmissverständlich klargestellt: *Ich will nicht sein wie die anderen Prinzessinnen alle, die man der Staatsräson opfert. Ich will eine Neigungsehe schließen und mich daran erfreuen, den Mann zu lieben, den ich heirate.* Tatsächlich sah es eine Zeit lang so aus, als würde Elisabeths ungewöhnlicher Wunsch in Erfüllung gehen. Nachdem sie mehreren ungeeigneten Heiratskandidaten einen Korb gegeben hatte, fand sie in dem jungen Prinzen Karl August von Holstein (1706–1727) ihre ganz große Liebe. Doch kurz nach der Verlobung schlug das Schicksal auf grausame Weise zu, Karl August erkrankte an den Pocken, einem schlimmen Leiden, dem er nur wenig später erlag. Elisabeths Trauer um den verstorbenen Bräutigam war

Katharina die Große im Ornat der regierenden Zarin.
Gemälde von Vigilius Eriksen (1778).

offenbar so groß, dass sie sich spontan entschloss, keinen anderen Mann zu heiraten. Das bedeutete freilich nicht, dass sie künftig ein klösterlich-keusches Leben zu führen gedachte, im Gegenteil. Für die Liebe brauchte Elisabeth keinen Trauschein, denn es gab genügend junge Männer, die sich nicht

Katharina die Große und ihre Favoriten 79

zierten, mit der attraktiven Zarentochter das Bett zu teilen. Während ihr
die russischen Landsleute das sinnliche Vergnügen von Herzen gönnten,
schrieb der spanische Gesandte peinlich berührt nach Madrid: *Das Verhalten der Prinzessin Elisabeth wird mit jedem Tag schlimmer. Sie tut ohne Scham
Dinge, die selbst den einfachsten Trampel erröten ließen.* Dabei suchte sich
Elisabeth ihre Liebhaber durchaus sorgfältig aus, auch wenn sie auf deren
aristokratische Herkunft keinen großen Wert legte.

Kaiser der Nacht und Kaiser in spe

Aus den Thronwirren, die 1725 nach dem Tod Peters des Großen ausgebro-
chen waren, ging 16 Jahre später die 32-jährige Elisabeth, seine einzig
noch lebende Tochter, als Siegerin hervor. Sie war, wie sie es bereits als
junges Mädchen beschlossen hatte, noch immer ledig, aber seit Jahren mit
dem gleichaltrigen Alexej Rasumowski (1709–1771) liiert, einem sanften
jungen Mann, den Elisabeth auf ungewöhnliche Weise kennen gelernt
hatte. Als sie eines Tages dem Chor der St. Petersburger Hofkapelle
lauschte, wurde sie auf den Klang einer besonders schönen Stimme aufmerksam. Weil sie sich anschließend nach dem begabten Sänger erkun-
digte, stellte man ihr den gut aussehenden Alexander Rasumowski vor.
Diese Begegnung traf Elisabeth wie ein Blitz. Sie war so hingerissen von
dem glutäugigen Rasumowski, dass das größte Liebesabenteuer ihres
Lebens begann. Dabei machte die Zarin keinen Hehl aus der Liaison mit
einem Untergebenen. Selbst in der Öffentlichkeit zeigte sie sich Hand in
Hand mit ihrem Geliebten und tauschte Zärtlichkeiten mit ihm aus. Dass
ihn manche Höflinge als „Kaiser der Nacht" verspotteten, überhörte Elisabeth geflissentlich. Schließlich schätzte sie Rasumowskis Qualitäten
nicht nur in ihrem Schlafgemach, denn sie machte ihn gleichsam zu ihrem
„Kultusminister", zum Schirmherrn des Theaters und der Oper. Rasumowski erfüllte sämtliche ihm übertragene Aufgaben zu ihrer vollsten
Zufriedenheit. Genau wie seine Nachfolger ...

Nur eines bereitete Elisabeth schlaflose Nächte: Da sie selbst keine Kinder hatte, musste sie anderweitig dafür sorgen, dass die Thronfolge nach
ihrem Tod sichergestellt war. Weil aber auch der künftige Zar aus der Familie der Romanows kommen sollte, entschloss sie sich, den inzwischen

14-jährigen Peter, Sohn ihrer verstorbenen Schwester Anna Petrowna (1708–1728), nach St. Petersburg zu holen und zu ihrem Nachfolger zu erziehen.

Großfürstin Anna hatte seinerzeit den Deutschen Friedrich Karl von Schleswig-Holstein-Gottorp (1700–1739) geheiratet, war ihm während der Thronwirren nach Kiel gefolgt und hatte dort 1728 Karl Peter Ulrich, ihren einzigen Sohn, zur Welt gebracht. Nur wenig später starb sie an den Folgen einer Tuberkuloseerkrankung. 1743 kam nun der verwaiste Peter zu seiner Tante nach St. Petersburg, allerdings eher widerwillig. Dem Heranwachsenden, einem Verehrer Friedrichs des Großen, blieb alles Russische Zeitlebens fremd, auch wenn er gezwungenermaßen zum orthodoxen Glauben übertrat. Er hatte weder Lust, die Sprache zu lernen, noch, sich näher mit Land und Leuten zu befassen. Ohnehin war der stets kränkliche Peter sehr unreif für sein Alter und auch in seiner geistigen Entwicklung etwas zurückgeblieben.

Katharina und Peter, das künftige Zarenpaar

Um ihm später die richtige Gemahlin an die Seite zu stellen, machte sich Elisabeth schon früh auf die Suche nach einer Braut für den Neffen. Ihre Wahl fiel 1744 auf die deutsche Prinzessin Sophie Auguste Friederike von Anhalt-Zerbst (1729–1796), die Einzige, die alle Auswahlkriterien erfüllte: Zum einen war sie die Tochter der gebürtigen Holsteinerin Johanna Elisabeth (1712–1760), einer Schwester des verstorbenen Verlobten der Zarin. Zum anderen schien die Auserwählte zwar recht hübsch zu sein, klein und schmal, mit kastanienbraunem Haar, doch war sie keine Schönheit und würde somit auch keine Konkurrenz für die Zarin darstellen. Der dritte Faktor aber war der wichtigste: Da die Prinzessin aus einem kleinen und unbedeutenden Fürstentum stammte, würde ihre Familie keine Forderungen stellen oder es gar wagen, sich in die russische Politik einzumischen.

So kam Sophie Auguste Friederike von Anhalt-Zerbst 1744 nach St. Petersburg. Über Sinn und Zweck dieser Reise hatte man sie zuvor gründlich aufgeklärt, aber wider Erwarten hatte das junge Mädchen weder Bedenken, in einem fremden Land zu leben, noch, die Gemahlin des Großfürsten Peter zu werden, den sie schon bei einer früheren Gelegenheit kennen gelernt und

Katharina die Große und ihre Favoriten

recht sympathisch gefunden hatte. Die Aussicht, später einmal an der Macht teilhaben zu können, war einfach zu verlockend.

Erst jetzt lernten sich die amtierende und die künftige Zarin kennen. Die spätere Katharina die Große beschrieb die Begegnung folgendermaßen: *Ich muss sagen, man konnte sie nicht zum ersten Mal sehen, ohne von ihrer Schönheit und ihrem majestätischen Auftreten überrascht zu sein. Sie war groß und obwohl sie recht beleibt war, störte das nicht und gab ihren Bewegungen keine Unfreiheit ... Sie trug an diesem Tag einen gewaltigen Reifrock, wie sie es liebte, wenn sie große Toilette machte, was sie übrigens nur tat, wenn sie sich öffentlich zeigte.*

Die junge Prinzessin erwies sich als gelehrige Schülerin. Sie trat bereitwillig zum orthodoxen Glauben über und nahm den Namen Katharina an, unter dem sie später in die Geschichte eingehen sollte. Katharina lernte die russische Sprache, bemühte sich, die Mentalität der Menschen zu verstehen und sich allmählich selbst als Russin zu fühlen. Im Gegensatz zu ihrem künftigen Gemahl ließ sie ihre deutsche Herkunft immer weiter hinter sich. Doch das war nicht der einzige Unterschied zwischen den beiden. Je näher sich Peter und Katharina kennen lernten, desto deutlicher zeichnete sich ab, dass das ehrgeizige Mädchen und der unreife Jüngling überhaupt nicht zusammenpassten. Die frühere Sympathie, die beide einmal füreinander empfunden hatten, schwand zunehmend dahin, zumal sich Peter eher kindisch verhielt und auch gerne einen über den Durst trank. Das konnte jedoch kein Hinderungsgrund für die geplante Hochzeit sein, die am 21. August 1745 in St. Petersburg gefeiert wurde.

Jetzt musste diese Ehe nur noch vollzogen werden, und genau daran haperte es. In der Hochzeitsnacht wartete Katharina im Schlafgemach nämlich vergeblich auf den ihr angetrauten Gemahl, wie sie uns in ihren Erinnerungen verrät: *Alle waren gegangen und ich blieb über zwei Sunden allein und wusste nicht, ob ich aufstehen oder im Bett bleiben sollte.* Als Peter dann doch noch kam, offenbar sichtlich angetrunken, legte er sich wortlos neben seine Frau und fiel sofort in einen tiefen Schlaf.

Wer zeugt den nächsten Thronfolger?

Der missglückten Hochzeitsnacht folgen zahllose ähnliche Nächte. Selbst nach sechs Jahren war die Ehe noch immer nicht vollzogen. So langsam wurde Zarin Elisabeth wirklich ungeduldig. Als sie Katharina fragte, warum sie denn immer noch nicht schwanger sei, antwortete die nur lakonisch, ihr Mann sei eben impotent. (Tatsächlich war der eigentliche Hinderungsgrund wohl eine Phimose, die Peter den Geschlechtsverkehr unmöglich machte und die er später auch operativ beseitigen ließ.)

Traurig war Katharina darüber nicht, im Gegenteil. Sie fand den ständig betrunkenen Peter eher abstoßend und begann daher, sich nach anderen attraktiven Männern umzusehen, die am Zarenhof ein und aus gingen. Inzwischen war Katharina zu einer selbstbewussten und recht hübschen jungen Dame herangereift, der die Herren mehr oder weniger heimliche Blicke zuwarfen. Einer von ihnen war der damals 26-jährige Sergej Saltykow, Kammerherr in Diensten der Zarin und nur allzu gerne bereit, auch der jungen Großfürstin zu Diensten zu sein. Tatsächlich konnte sich die liebeshungrige Katharina seinem gewissen Charme nicht entziehen und begann mit ihm eine Liebesaffäre. Später erklärte sie diesen Seitensprung selbstbewusst: *Wenn ich mir erlauben darf, offen zu sein ... ich vereinigte mit dem Verstand und dem Temperament eines Mannes die Anziehungskraft einer liebenswerten Frau. Ich bitte um Verzeihung für diese Beschreibung, die gerechtfertigt ist durch die Wahrheit. Ich war hübsch, infolgedessen war die Hälfte des Weges zur Versuchung bereits zurückgelegt, und es ist in solchen Situationen menschlich, dass niemand auf halbem Wege stehen bleiben kann ... man kann sein Herz nicht in einer Hand halten, es festhalten oder freilassen, seinen Griff beliebig verstärken oder lockern.*

Zarin Elisabeth wusste nicht nur über Katharinas amouröse Verstrickungen Bescheid, sie hat die Affäre mit Saltykow sogar ausdrücklich gebilligt. Immerhin ging es um nichts Geringeres als die Zeugung eines Thronfolgers, und wenn der Gatte dazu nicht in der Lage war, musste man von dem biblischen Gebot der ehelichen Treue schon mal eine Ausnahme machen. Auch Peter erfuhr natürlich durch den Hofklatsch vom Verhältnis seiner Frau mit Saltykow, doch es schien ihm nichts auszumachen. Er

Katharina die Große und ihre Favoriten   83

hatte sich inzwischen eine Mätresse ins Bett geholt und war froh, dass ihm die ehelichen Pflichten mit Katharina erspart blieben.

Es sah zunächst so aus, als hätte Saltykow die in ihn gesetzten Erwartungen zur vollsten Zufriedenheit der Zarin erfüllt. 1751 war Katharina endlich zum ersten Mal schwanger. Doch dann machte eine Fehlgeburt alle Hoffnungen zunichte. Erst 1754, nach einer weiteren unglücklich verlaufenen Schwangerschaft, brachte Katharina einen gesunden Sohn zur Welt: Paul, der nach ihrem Tod 1796 tatsächlich den Zarenthron bestieg. Selbst wenn es hinsichtlich des Erzeugers keine 100-prozentige Sicherheit gibt, so sprechen doch alle Indizien dafür, dass Saltykow der leibliche Vater des Knaben war, auch wenn Peter bis heute offiziell als solcher gilt. Sergej Saltikow, der seine heikle Aufgabe so hervorragend erledigt hatte, wurde in St. Petersburg nun nicht mehr benötigt. Elisabeth „belohnte" ihn mit einem lukrativen diplomatischen Posten im Ausland.

Doch auch Katharina hatte als Mutter nichts mehr zu sagen und nur sporadischen Kontakt zu ihrem Sohn, was das Verhältnis der beiden zeitlebens schwer belastete. Gleich nach der Geburt wurde Paul als künftiger Thronfolger der Obhut der Zarin Elisabeth anvertraut und ganz nach ihren Vorstellungen erzogen.

Wie Stanislaw Poniatowski Sibirien vergaß

Katharinas Bett blieb nicht lange leer, wenngleich sich der nächste Liebhaber zunächst noch ein wenig zierte. Obwohl Saltykow bereits mit „gutem Beispiel" vorangegangen war, konnte eine ehebrecherische Beziehung am Zarenhof noch immer leicht mit einer Verbannung nach Sibirien enden. Tatsächlich waren solche Skrupel überflüssig, zumal Katharina längst ein Auge auf den gut aussehenden polnischen Grafen geworfen hatte, den 22-jährigen Stanislaw Poniatowski (1732–1798), der 1754 in diplomatischen Diensten nach St. Petersburg gekommen war. Wie ein höfischer Beobachter schrieb, habe Katharina den Grafen angeschaut *wie ein wildes Tier, das seine Beute in Augenschein nimmt.*

Poniatowski schrieb später in seiner Autobiografie, über Katharina: *Sie war 25 Jahre alt und erholte sich gerade von ihrem ersten Wochenbett. Sie war damals auf dem Gipfelpunkt ihrer Schönheit angelangt, hatte schwarzes*

Haar, eine blendendweiße Haut, die Wimpern waren lang und dunkel, eine griechische Nase und einen Mund, der nach Küssen verlangte. Hände und Arme vollendet, schlank gewachsen, eher groß als klein, ein beschwingter Schritt und trotzdem von größtem Adel. Ihre Stimme war von angenehmem Klang und ihr Lachen so fröhlich wie ihre Laune.

Um Poniatowski zu verführen, musste Katharina jedoch einige Mühe aufwenden. Schließlich konnte sie einen guten Freund überreden, den Grafen eines Nachts persönlich bis zu ihrer Schlafzimmertür zu führen. Nun gab es für Poniatowski endlich kein Zurück mehr. Er fand, wie er später in seinen Memoiren schrieb, die Tür halb geöffnet vor. Drinnen erwartete ihn Katharina *in einem schlichten weißen, mit Spitzen und rosa Schleifen verzierten Gewand und sie sah so hinreißend aus, dass einem die Existenz Sibiriens gänzlich entfiel.*

Es war auf beiden Seiten wirklich echte Liebe und sie blieb auch nicht ohne Folgen. Am 8. Dezember 1758 brachte Katharina eine Tochter zur Welt. Niemand zweifelte daran, dass Piantowski der Vater des Kindes war, und auch der gehörnte Peter gestand freimütig: *Ich habe keine Ahnung, wie meine Frau schwanger geworden ist, aber vermutlich werde ich das Kind als mein eigenes anerkennen müssen.* Das kleine Mädchen starb jedoch nur vier Monate später.

Zarin Elisabeth gönnte Katharina zwar das sinnliche Vergnügen mit ihren Liebhabern, doch als autokratische Herrscherin wollte sie unbedingt vermeiden, dass die Favoriten der Großfürstin allzu viel Einfluss am Hof erhielten. Poniatowski ging es daher nicht anders als seinem Vorgänger. Nach der Geburt des Kindes wurde er von Elisabeth nach Polen abberufen, wo er 1764 als Stanislaw II. zum König gewählt wurde – mit maßgeblicher Unterstützung Russlands.

Verschwörung gegen Peter III.

Katharina war untröstlich über den Verlust ihres geliebten Stanislaw: *Es hat mir fast das Herz gebrochen,* heißt es in ihren Erinnerungen. Vorübergehend hatte sie überhaupt keine Lust, Ausschau nach einem neuen Liebhaber zu halten. Dafür registrierte sie umso aufmerksamer, wie sich in Russland allmählich ein politischer Stimmungsumschwung abzuzeichnen begann.

Katharina die Große und ihre Favoriten 85

Zunächst hatten die Untertanen die Entscheidung ihrer Zarin begrüßt, ihren Neffen, einen Spross der Romanows, zu ihrem Nachfolger zu machen. Doch inzwischen lebte Peter schon seit mehr als 15 Jahren in Russland und war immer noch ein Fremder geblieben. Seinen anfänglichen Kredit hatte er längst verspielt. Ganz anders Katharina. Seit der Geburt ihres Sohnes hatte sie enorm an Ansehen gewonnen. Nicht wenige glaubten daher, dass sie womöglich die bessere Kandidatin für den Zarenthron sein würde als der unreife und trinkfreudige Peter. Viel Zeit blieb möglicherweise nicht mehr, denn mit Elisabeths Gesundheit stand es keineswegs zum Besten. Die kranke Zarin hielt jedoch an ihrem einmal gefassten Beschluss fest.

Einer, der mit sicherem Instinkt die Zeichen der Zeit erkannte, war der ehrgeizige Grigorij Orlow (1734–1783), Offizier in der russischen Armee. Gut aussehend und von stattlicher Größe passte er genau in Katharinas „Beuteschema", und es war nur eine Frage der Zeit, bis Grigorij Orlow 1759 ihr neuer Liebhaber wurde. Zusammen mit seinen vier Brüdern bildete er so etwas wie die persönliche Leibgarde der Großfürstin, fungierte als ihr Beschützer und engster Vertrauter, als Fels in der Brandung in stürmischen Zeiten.

Als Zarin Elisabeth im Januar 1762 im Alter von 52 Jahren starb, ging der Thronwechsel zunächst reibungslos vonstatten und Katharinas Gemahl wurde als Peter III. neuer Zar von Russland. Tatsächlich regierte er das Reich in den nächsten Monaten besser und fortschrittlicher, als man es erwartet hatte. Er beendete Russlands Teilnahme am Siebenjährigen Krieg (1756–1763), schaffte die verhasste Geheimpolizei ab, untersagte willkürliche Verhaftungen aus politischen Gründen, senkte die Exportabgaben und gewährte den Untertanen mehr religiöse Toleranz. Doch selbst sein aufgeklärter Regierungsstil konnte nicht verhindern, dass man in Peter III. noch immer den verhassten Deutschen sah, dessen Herz ausschließlich für sein Geburtsland zu schlagen schien. Hinzu kamen diffuse Gerüchte, er wolle sich von Katharina trennen, um anschließend seine Mätresse zu heiraten, die nicht minder unbeliebte Elisabeth Woronzowa (1739–1792), genannt die „russische Pompadour".

Katharina hatte unterdessen im April 1762 Orlows Sohn zur Welt gebracht, der jedoch für die Thronfolge keine Rolle spielte und fern von St. Petersburg unter dem Decknamen Alexej Brobrinsky großgezogen wurde.

Die Geburt des gemeinsamen Kindes hatte die neue Zarin und ihren

Grigorij noch enger zusammengeschweißt, persönlich und politisch. Als die Scheidungsgerüchte immer lauter wurden, schlug Katharinas Stunde. Sie hatte nämlich längst mit Grigorij Orlow, dessen Brüdern und anderen Eingeweihten Pläne für ein Komplott gegen Peter III. ausgearbeitet, die am 9. Juli 1762 in die Tat umgesetzt werden sollten. Katharina konnte sich ihrer Sache sehr sicher sein, sie wusste genau, dass sie nicht nur die Hofgesellschaft und meisten Untertanen hinter sich hatte, sondern auch – und das war entscheidend – die russische Armee.

Peter, der sich zusammen mit seiner Mätresse auf Schloss Oranienbaum/Lomossow westlich von St. Petersburg aufhielt, wurde von den Verschwörern überrascht und mit Waffengewalt zur Abdankung gezwungen. Er leistete keinerlei Widerstand, sondern ließ sich *enthronen wie ein Kind, das man ins Bett schickt,* wie Friedrich der Große verächtlich schrieb. Zur gleichen Zeit ritt Grigorij Orlow in vollem Galopp nach Peterhof, wo sich Katharina auf Anordnung ihres Gemahls aufhielt, und überredete sie, gemeinsam mit ihm nach St. Petersburg zurückzureiten. Das ließ sie sich nicht zwei Mal sagen. Eskortiert von zwei Regimentern und den Gebrüdern Orlow zog sie triumphierend in St. Petersburg ein und wurde unter dem Jubel der Bevölkerung als Katharina II. zur neuen Zarin ausgerufen.

Eine Woche später war der inhaftierte Peter III. tot. Bis heute ist unklar, wie er ums Leben gekommen ist, denn über seinen Tod gibt es nur Gerüchte. Vermutlich aber hat Alexej Orlow, Grigorijs Bruder, dafür gesorgt, dass Katharina von dieser Seite keine Gefahr mehr zu befürchten hatte. Unklar ist ebenfalls, welche Rolle die Zarin selbst bei dem Mordkomplott spielte, ob sie davon wusste und es tatsächlich gebilligt hat. Gegenüber Peters Mätresse zeigte sich Katharina jedenfalls in keiner Weise rachsüchtig, im Gegenteil. Sie schenkte Elisabeth ein komfortables Haus in Moskau und sorgte später dafür, dass sie auch noch gut verheiratet wurde.

Laufpass für Grigorij Orlow

Zehn Jahre lang blieb Grigorij Orlow der Mann an Katharinas Seite, denn er überzeugte die Zarin nicht nur in der Intimität des Schlafgemachs: *Graf Grigorij hat den Verstand eines Adlers,* schrieb sie damals. *Ich bin nie einem Mann begegnet, der ein feineres Verständnis für die Sache hat, die er unter-*

nimmt ... Seine Ehrlichkeit ist gegen jeden Angriff gefeit. Katharina schätzte Orlow aber hauptsächlich als starken Beschützer, dem sie ihr vollstes Vertrauen schenken konnte. Für politische Aufgaben hielt sie ihn hingegen nicht unbedingt geeignet: *Es ist schade, dass nicht die Möglichkeit bestand, seine Fähigkeiten und Talente zu verbessern, die in der Tat hervorragend sind, sich jedoch infolge eines dem Zufall überlassenen Lebens nicht entfalten konnten.* Grigorij Orlow hatte stets heimlich gehofft, Katharina würde ihn heiraten und so zum rechtmäßigen Zaren machen. Doch dieser Wunsch blieb unerfüllt, denn die Zarin hatte nicht vor, sich von einem Parvenü in ihren Machtbefugnissen einschränken zu lassen. Trotzdem bildeten die beiden über viele Jahre ein gutes Team. Grigorij, schrieb Katharina, *wäre für immer* (Liebhaber und Favorit) *geblieben, hätte er sich nicht als erster zurückgezogen.* Im Klartext bedeutete das auch, dass Orlow seine einflussreiche Position ein wenig zu Kopf gestiegen war. In höfischen Kreisen galt er zunehmend als arrogant und eingebildet und sein selbstgefälliges Gebaren ging selbst Katharina auf die Nerven. Orlow hielt Morgenempfänge, als wäre er der Zar persönlich, dem alle Respekt zu zollen hätten. Schlimmer war jedoch, dass er seine Nächte immer seltener im Bett der Zarin verbrachte, und sich stattdessen mit hübschen jungen Gespielinnen vergnügte. Der französische Gesandte schrieb damals nach Paris: *Er ist in allem der Kaiser, nur nicht im Namen und erlaubt sich bei seiner Herrscherin Freiheiten, die sich in einer kultivierten Gesellschaft keine Herrscherin von einem Günstling bieten ließe.* Doch irgendwann hatte auch die Geduld der Zarin ein Ende. 1772 erhielt Grigirij Orlow von Katharina den Laufpass, allerdings nicht ohne eine großzügige Abfindung, sodass er bis zu seinem Tod elf Jahre später ein privilegiertes Leben in Luxus und Reichtum führen konnte. *Es ist ein bemerkenswerter Zug in Katharinas Charakter,* schrieb der zeitgenössische Historiker Pierre Masson (1727–1801), *dass keiner ihrer Favoriten sich ihren Hass oder ihre Rache zuzog, obwohl mehrere sie beleidigten oder ihre Ämter aus eigenem Entschluss aufgaben. Keiner von ihnen ist, soweit man weiß, je bestraft worden. In dieser Beziehung war Katharina allen anderen Frauen überlegen.*

Auf Orlow folgte der eher blasse Alexej Wassiltschik, den eine Hofclique auf Katharina angesetzt hatte. Doch die Zarin war von dessen Qualitäten in keiner Hinsicht überzeugt und ließ diesen Favoriten schon bald wieder fallen. Schließlich stellte die geistig anspruchsvolle Zarin an ihre Liebhaber hohe Ansprüche. Sie mussten nicht nur kerngesund, muskulös und auf gewisse Weise attraktiv sein, sondern gleichzeitig über gute Manieren verfügen und in politischen Fragen ebenso beschlagen sein wie in Musik, Kunst, Literatur und Theologie. Ein hübscher Dummkopf wie Wassiltschik hatte bei der Zarin auf Dauer keine Chance.

Nichts im Kopf als Liebe – Grigorij Potjomkin

Zwei Jahre nach Orlows Verbannung fand Katharina aber endlich den Mann, von sie immer geträumt hatte: Grigorij Potjomkin (Potemkin), Offizier bei der berittenen Garde, gebildet und mit geschliffenen Manieren. Er war groß, wenn auch nicht besonders gut aussehend, trug eine Augenklappe und neigte ein wenig zur Korpulenz. Doch in intellektueller Hinsicht konnte ihm keiner das Wasser reichen. Potjomkin (1739–1791) hatte sich bereits in die zehn Jahre ältere Katharina verliebt, als er die frischgebackene Zarin zum ersten Mal gesehen hatte: *Wenn sie einen unbeleuchteten Raum betritt, erhellt sie ihn*, schrieb er damals schwärmerisch. *Sobald ich deiner ansichtig wurde, dachte ich nur an dich. Deine schönen Augen schlugen mich in ihren Bann, doch ich erbebte und gestand die Liebe nicht. Ach, welche Qual, eine Frau zu lieben, der ich mich nicht zu erklären wage. Die niemals mein sein wird, o grausame Götter!*

Doch nun hatte die traurige Zeit für Potjomkin ein glückliches Ende, denn schon bald war Katharina ebenso in ihn verliebt wie er in sie. In seinem Bericht nach London schrieb der britische Gesandte Sir Robert Gunning: *Nirgends steigen Günstlinge so schnell empor wie in diesem Land. Doch selbst hier hat es noch keinen so rasanten Aufstieg gegeben wie den Gegenwärtigen.* So begann die große St. Petersburger Lovestory. War Potjomkin dienstlich unterwegs, schickte ihm Katharina glühende Liebesbriefe: *Wie seltsam ist es! Alles, worüber ich zu lachen pflegte, ist mir nun selbst widerfahren, denn meine Liebe zu Dir hat mich blind gemacht. Gefühle, die ich für idiotisch, übertrieben und kaum natürlich hielt, empfinde ich jetzt selbst … Ich kann meine verrückten Augen nicht von Dir abwenden … Wir können uns nur während der nächsten drei Tage sehen, denn dann kommt die erste Fastenwoche, die für Gebete und Fasten reserviert ist, und es wäre eine große Sünde, sich zu sehen. Der reine Gedanke an diese Trennung macht mich weinen.*

Katharina, inzwischen 43 Jahre alt, erlebte mit ihrem „Grischa" die Liebe ihres Lebens, wie man anhand der von ihr verfassten Billetts leicht nachvollziehen kann: *Es gibt keine Zelle in meinem Körper, die sich nicht nach Dir sehnt ... Ich danke Dir für den gestrigen Festschmaus. Mein kleiner Grischa fütterte mich und labte meinen Durst, doch nicht mit Wein ... Wie eine läufige Katze habe ich nichts im Kopf als die Liebe ... Ich bin derzeit, wie Du so oft sagst, Deine Feuerfrau, doch will ich versuchen, meine Flammen zu verbergen ... Womit hast Du mich verhext und mir den Kopf verdreht, der doch sonst als einer der besten Europas gilt? Ich vergesse alles auf der Welt, wenn ich bei Dir bin. Für meine Gefühle gibt es keine Worte, denn das Alphabet ist zu kurz und der Buchstaben sind zu wenige.*

Doch Katharina überschüttete ihren Geliebten nicht nur mit Gefühlen, sondern auch mit Geld, einem luxuriösen Palast und prächtigen Gemächern in allen kaiserlichen Schlössern. Sie erhob ihn zunächst zum Grafen, später zum Fürsten, ernannte ihn zum Mitglied des Geheimen Rates, zum Feldmarschall und Präsidenten des Kriegskollegiums. Anders als Grigorij Orlow, der als militärischer Haudegen keine staatspolitischen Qualitäten besaß und sich nur im Glanz der Macht zu sonnen pflegte, war Potjomkin tatsächlich ein geborener Staatsmann und brillanter General. Zwei Jahre lang blieb er Katharinas Liebhaber, politischer Partner und engster Vertrauter.

Ich weiß nicht, was aus mir werden wird ... – Katharinas letzte Liebhaber

Ab 1776 drängte es Potjomkin jedoch, wieder eigene Wege zu gehen, vielleicht, weil er an Katharinas überschwänglicher Liebe zu ersticken drohte. Vermutlich war er aber der inzwischen 45-jährigen Zarin auch überdrüssig geworden, zumindest in erotischer Hinsicht. Katharina hatte ihre jugendliche Attraktivität längst eingebüßt und war zu einer korpulenten Matrone geworden. Der französische Beobachter Fürst de Ligne beschrieb sie damals folgendermaßen: *Sie sah noch immer gut aus. Man sah, dass sie einmal eher schön als hübsch gewesen war. Ihre schöne Büste hatte sie auf Kosten ihrer einst so entsetzlich schmalen Taille bekommen, doch die Menschen in Russland werden im Allgemeinen fett*

Katharina sah ein, dass es keinen Sinn hatte, Grigorij Potjomkin gegen seinen Willen zu halten. Also ließ sie ihn ziehen und ernannte ihn noch 1776 zum Generalgouverneur der Südprovinzen, von wo aus er 1783 auch die Krim eroberte, die ehemals türkische Provinz am Schwarzen Meer. Hier herrschte Potjomkin gleichsam als Souverän und informierte die Zarin immer nur nachträglich über seine Entscheidungen. Doch Katharina hatte nach wie vor volles Vertrauen zu ihrem „Grischa" – und sie wurde auch nicht enttäuscht. Die alte Geschichte mit den „Potjomkin'schen (oder Potemkin'schen) Dörfern" hat sich inzwischen nämlich längst als Lüge entpuppt. Als Katharina 1787 eine Inspektionsreise durch die südrussischen Provinzen unternahm, habe Potjomkin, wie es heißt, in aller Eile Scheindörfer errichten lassen, die lediglich aus Pappkulissen bestanden und auch nur zum Schein bevölkert waren. Mit diesen „Potjomkin'schen Dörfern" habe er der Zarin einen blühenden Zustand des Landes vorgespiegelt und auf diese Weise vertuscht, dass er in Wirklichkeit drei Millionen Rubel veruntreut hatte. Heute weiß man, dass diese Lügengeschichte erstmals Ende des 18. Jahrhunderts in einem deutschen Zeitungsartikel über das Leben Katharinas der Großen aufgetaucht ist und dann von anderen Schriftstellern aufgegriffen und weiterverbreitet wurde, ohne ihren Wahrheitsgehalt zu hinterfragen. Dass diese Geschichte geglaubt wurde, auch in Russland selbst, lag vor allem natürlich an Potjomkins Stellung als Favorit der Zarin, denn in Hofkreisen hatten Katharinas Liebhaber naturgemäß zahllose Neider ...

Von Katharinas letzten Galanen kam keiner mehr an den charismatischen Potjomkin heran. Die einen erwiesen sich als unfähig, andere als treulos. Iwan Rimsky-Korsakow, der zwischen 1778 und 1780 Zutritt zum Boudoir der Zarin hatte, wurde von Katharina entlassen, nachdem sie ihn in flagranti mit einer jungen Ehrendame erwischt hatte. Erst sein Nachfolger, der 29 Jahre jüngere Alexander Lanskoi, konnte das Herz der alternden Zarin noch einmal zum Schmelzen bringen. Er erfüllte alle Voraussetzungen, die sie an ihre Favoriten stellte, war nicht nur groß, charmant und gut aussehend, sondern auch umfassend gebildet, ein Freund von Kunst und Literatur. Katharina war entzückt und glaubte, endlich einen jungen Mann gefunden zu haben, der für den Rest des Lebens an ihrer Seite blieb. Doch 1784 erkrankte Lanskoi offenbar an Diphterie und starb in Katharinas Armen. Verzweifelt schrieb die Zarin am 1. Juli 1784: *Ich glaubte, selbst sterben zu müssen an dem erlittenen und entsetzlichen Verlust ... Ich hatte ge-*

Katharina die Große und ihre Favoriten

hofft, er würde die Stütze meines Alters werden. Er war gelehrig, machte gute Fortschritte und mir viel Freude. Ich erzog diesen jungen Mann, er war dankbar, sanft, anständig, teilte meinen Kummer und freute sich mit mir. Lanskoi ist tot, und sein Zimmer, das ich bisher so liebte, ist wie ein leerer Winkel geworden und ich schleppe mich wie ein Schatten herum ... Ich kann augenblicklich keinen Menschen sehen, ohne dass mir die Tränen die Stimme ersticken. Ich kann weder schlafen noch essen, ich habe keine Lust zu lesen und zum Schreiben fehlt mit die Kraft. Ich weiß nicht, was aus mir werden wird.

Ein ganzes Jahr lang versagte sich Katharina einen neuen Liebhaber, was ohnehin immer schwieriger wurde, denn die jungen Männer standen nicht gerade Schlange. Alexej Manolow verließ die Zarin schon nach kurzer Zeit und bat um Erlaubnis, seine große Liebe heiraten zu dürfen. Katharina ließ ihren Ex-Geliebten nicht nur bereitwillig ziehen, sie bereitete dem Paar auch ein glanzvolles Hochzeitsfest und entließ es mit reichen Geschenken. Wie gesagt, nachtragend und rachsüchtig ist sie nie gewesen.

Wider Erwarten fand Katharina aber doch noch die Stütze ihres Alters, nach der sie sich so sehr gesehnt hatte. Ihr letzter Favorit hieß Platon Zubow, ein kultivierter Leutnant der Reitergarde. Ob er aber jemals bis in ihr Schlafgemach vordrang, ist eher ungewiss, denn Katharina sah in ihm fast so etwas wie einen Sohn und hat ihn auch so behandelt. Trotzdem legte die Zarin nach wie vor großen Wert auf ihre äußere Erscheinung, wie ein höfischer Beobachter vermerkte: *In den letzten Jahren ihres Lebens legte sie viel Rouge auf, denn sie besaß noch immer den Ehrgeiz, die Spuren der Zeit auf ihrem Gesicht nicht sichtbar werden zu lassen.* Doch auch mit noch so viel Schminke konnte Katharina die Zeit nicht aufhalten. Am 5. November 1796 erlitt sie einen schweren Schlaganfall und starb zwei Tage später, ohne das Bewusstsein wieder erlangt zu haben. Damit ging eine erfolgreiche Herrschaft zu Ende. Während Katharinas 34-jähriger Regierungszeit war Russland, ein Land mit 37 Millionen Einwohnern, wirtschaftlich und militärisch so stark geworden wie noch niemals zuvor. Voller Respekt bezeichneten die Untertanen ihre Zarin als „die Große". Jetzt bestieg Katharinas 1754 geborener Sohn als Paul I. den Zarenthron, nicht ahnend, dass ihm fünf Jahre später das gleiche Schicksal widerfahren würde wie dem Mann, der offiziell als sein Vater ausgegeben wurde ...

Der Vielgeliebte –
Preußenkönig Friedrich Wilhelm II.
und seine (Ehe-)Frauen

Anders als seine Vorgänger wurde Preußenkönig Friedrich Wilhelm auch durch seine zahlreichen Frauengeschichten bekannt. So nutzte er die ihm zur Verfügung stehenden Möglichkeiten voll aus, hatte neben zwei rechtmäßig angetrauten Gemahlinnen auch zwei morganatische Ehefrauen, eine Mätresse und mehrere junge Gespielinnen.

Im Gegensatz zu anderen europäischen Höfen ist es bei den Hohenzollern in Potsdam und Berlin lange Zeit sehr sittsam zugegangen. Preußens erster König Friedrich I. (1657–1713), begnügte sich mit einer „Renommier-Mätresse", die ihn ausschließlich auf seinen täglichen Spaziergängen durch die Grünanlagen begleitete und keinen Zutritt zum königlichen Schlafzimmer hatte. Sein Sohn, der als „Soldatenkönig" bekannt gewordene Friedrich Wilhelm I. (1688–1740), blieb seiner Gemahlin, der Welfenprinzessin Sophie Dorothea, ein Leben lang treu. Und Friedrich der Große (1712–1786) hat das Bett bekanntlich lieber mit seinen Hunden als mit der ungeliebten Königin Elisabeth Christine geteilt, von Mätressen ganz zu schweigen.

Und doch gab es auch unter den Hohenzollern ein paar Herren, die das „schöne Geschlecht" weitaus mehr verehrten als die drei genannten Monarchen. Einer von ihnen war Prinz August Wilhelm (1722–1758), der jüngere Bruder Friedrichs des Großen, der nach dem Willen des kinderlosen Königs eigentlich nach dessen Tod den Thron besteigen sollte. Man hatte den Prinzen zwar aus politischen Gründen mit der jungen Braunschweigerin Luise Amalie verheiratet, doch seine große Leidenschaft galt der bezaubernden Hofdame Sophie von Pannwitz (1729–1814). Obwohl die schöne Sophie die Liebe des Prinzen allem Anschein nach erwidert hat, so blieb dessen

Wilhelmine Gräfin von Lichtenau als Reisigsammlerin.
Gemälde (um 1790) von Jean Laurent Mosnier.

Wunsch, auch offiziell ein Paar zu werden, leider unerfüllt. August Wilhelm starb schon 1758 mit nur 36 Jahren vergleichsweise früh, an „gebrochenem Herzen" wie viele Zeitgenossen vermuteten. „Herzensbrecher" war freilich nicht Fräulein von Pannwitz gewesen, sondern sein eigener Bruder, der ihm die Schuld an der militärischen Niederlage bei Kolin 1757 gegeben und ihn anschließend aus dem preußischen Militär verbannt hatte. (Tatsächlich war die Todesursache wohl eher ein Schlaganfall gewesen.)

Auf dem Pfad der Tugend?

Prinz August Wilhelm hinterließ eine Witwe mit drei unmündigen Kindern, darunter den 1744 geborenen Friedrich Wilhelm, der durch den Tod seines Vaters zum neuen Thronfolger geworden war. Jetzt übernahm der Preußenkönig selbst die Erziehung des „langen Neffen" und holte ihn nach Potsdam, um den Heranwachsenden auf seine späteren Aufgaben vorzubereiten. Das Verhältnis der beiden war jedoch denkbar schlecht. Onkel Friedrich dachte nicht im Traum daran, seinem jungen Neffen den verständnisvollen Vater zu ersetzen, im Gegenteil. Friedrich Wilhelm musste seinen Militärdienst absolvieren und sich auch sonst der Staatsräson unterwerfen. Menschliche Wärme fand er hier keine. Die holte er sich anderswo: Wann immer sich die Gelegenheit bot, versuchte der junge Kronprinz, dem Würgegriff seines königlichen Onkels zu entkommen, und „flüchtete" nach Berlin, um wenigstens ein paar kleine Vergnügungen zu genießen. Der englische Gesandte Lord Malmesbury schrieb damals nach London: *Der Prinz von Preußen bringt jede Woche vier bis fünf Stunden in Berlin zu, und seine französischen und deutschen Mätressen beschäftigen ihn so sehr, dass er nichts weiter denkt.* Nun konnte man dem jungen Mann seine „kleinen Fluchten" kaum verübeln. Es ist nur allzu verständlich, dass Friedrich Wilhelm seine sexuellen Bedürfnisse fern von den Argusaugen des Onkels befriedigen wollte und bei den Damen vielleicht auch die Liebe und Geborgenheit suchte, die ihm der König nicht geben konnte oder wollte.

Für Friedrich den Großen waren die zahlreichen Affären des „langen Neffen", vornehmlich mit den Schauspielerinnen des Berliner Theaters, ein Dorn im Auge. Er sah nur einen Weg, um den Kronprinzen auf den „Pfad der Tugend" zu führen, und das war die Ehe mit einer hübschen Prinzessin. Der König hatte auch bereits eine scheinbar passende Gemahlin für Friedrich Wilhelm an der Hand: Nichte Elisabeth (1746–1840), Tochter seiner Schwester Charlotte und des Herzogs Karl von Braunschweig-Wolfenbüttel. Elisabeth hatte mit 17 Jahren nicht nur das richtige Alter zum Heiraten, sie war auch ein gleichermaßen aufgewecktes und attraktives junges Mädchen, das selbst einem alten Misanthropen wie König Friedrich II. gefiel, der sich ja im Übrigen nicht allzu viel aus Frauen machte. Der „lange Neffe" hatte ohnehin zu gehorchen, und dass auch die Braunschweiger Prinzessin nicht nach ihren Wünschen gefragt wurde, muss wohl nicht eigens betont werden. Im Sommer 1764 feierte man in Berlin die Verlobung.

Gefährliche Gedanken

Gut gemeint ist bekanntlich nicht immer gut gemacht. Friedrich der Große mochte wohl davon überzeugt gewesen sein, mit der munteren Elisabeth die richtige Wahl getroffen zu haben – der Neffe war es keineswegs. Es zog ihn nicht nur nach wie vor zu den ebenso hübschen wie willigen Schauspielerinnen des Berliner Theaters – er hatte sein Herz auch an ein junges, ein ganz junges Mädchen verloren, die 1753 geborene Wilhelmine Encke, Tochter eines Musikers am Hof Friedrichs des Großen.

Zunächst war es weniger die sexuelle Anziehungskraft, die Wilhelmine für den Kronprinzen zum „Objekt der Begierde" machte. Als sich die beiden 1764 kennen lernten, spürten sie wohl auf Anhieb so etwas wie eine „Seelenverwandtschaft", eine innige Freundschaft, die bis zum Tod Friedrich Wilhelms II. 1797 Bestand haben sollte. Um Wilhelmine „hoffähig" zu machen, kümmerte sich der Kronprinz intensiv um ihre Ausbildung. Neben Geografie und Geschichte standen auch Literatur und Fremdsprachen auf dem Stundenplan. Gemeinsam lasen sie zeitgenössische Werke und übersetzten sogar Shakespeare's „Romeo und Julia" ins Deutsche.

Unterdessen feierte man im Juli 1765 auf dem Lustschloss Salzdahlum bei Wolfenbüttel die Hochzeit des Kronprinzen mit Elisabeth von Braunschweig-Wolfenbüttel. Doch auch der heilige Bund der Ehe konnte aus Friedrich Wilhelm keinen Tugendbold machen. Noch immer verbrachte er die meiste Zeit mit Wilhelmine Encke, bevor er sie 1766 für ein halbes Jahr zur Ausbildung nach Paris schickte. Dort sollte sie lernen, wie man sich auf höfischem Parkett bewegt und Konversation mit der aristokratischen Gesellschaft macht.

Erst jetzt konnte sich der Kronprinz wohl auch seiner Gemahlin näher widmen. Im Mai 1767 kam das erste – und einzige – Kind des Paares zur

Welt, Tochter Friederike. Und doch stand zu diesem Zeitpunkt bereits fest, dass die Eheleute keineswegs so gut harmonierten, wie es sich der Preußenkönig gewünscht und vorgestellt hatte. Zwar behandelte Friedrich Wilhelm die ihm angetraute Elisabeth mit allem gebotenen Respekt, doch sein Herz konnte die hübsche Braunschweigerin leider nicht gewinnen. Wie andere Prinzessinnen auch hatte sie sich wohl oder übel damit abzufinden, dass sie ihren Gemahl mit verschiedenen Mätressen teilen musste. Das zumindest wurde von Elisabeth stillschweigend erwartet. Doch die temperamentvolle junge Frau war keineswegs bereit, sich demütig in ihr Schicksal zu fügen, im Gegenteil. Wenn Friedrich Wilhelm sie so schamlos betrog – warum sollte sie dann nicht Gleiches mit Gleichem vergelten?

Das waren natürlich gefährliche Gedanken, deren Verwirklichung schon etliche Prinzessinnen zuvor in Teufels Küche gebracht hatte, oder doch zumindest in die Verbannung vom Königshof. Aber Elisabeth war keine ängstliche Frau. Als ihr ein gut aussehender Hofmusiker namens Pietro schöne Augen machte, war es um sie geschehen. Im Sommer 1768 – Wilhelmine war inzwischen längst aus Paris zurückgekehrt – begann die Kronprinzessin mit dem Musiker eine heiße Affäre.

Ich kann nicht leben ohne Dich! –
Die Liebesaffäre der Kronprinzessin

Zunächst scheint Friedrich Wilhelm gar nicht bemerkt zu haben, dass seine Frau ihm Hörner aufsetzte. Es hat ihn womöglich auch gar nicht weiter interessiert. Mehr denn je faszinierte ihn jetzt wieder die schöne Wilhelmine Encke, die während ihres Aufenthalts an der Seine eine Bildung erhalten hatte, die selbst manche Prinzessin neidisch machen konnte. Es gab unendlich viele Themen, über die sich der Kronprinz mit ihr unterhalten konnte. Weiter scheint die freundschaftliche Beziehung der beiden aber noch nicht gegangen zu sein. Die „rote Linie" der körperlichen Liebe überschritt der Kronprinz wohl erst, als Wilhelmine 1769 mit 16 Jahren das „heiratsfähige Alter" erreicht hatte.

Dass sich Kronprinzessin Elisabeth heimlich mit ihrem Pietro traf, während der Gemahl Wilhelmines Gesellschaft bevorzugte, machte am Berliner Hof schon bald die Runde – und die Empörung über Elisabeths Verhalten zog

98   Der Vielgeliebte

immer weitere Kreise. Auch die Eltern in Braunschweig waren zutiefst be-
stürzt, als sie vom Fehltritt ihrer Tochter erfuhren. Peinlich berührt schrieb
Herzogin Charlotte am 29. September 1768 an ihren königlichen Bruder
Friedrich II.: *Sie können sich nicht den unendlichen Schmerz vorstellen, den ich
empfinde, wie ich von Ihnen die empörenden Umstände erfahre über das
schlechte Benehmen meiner Tochter. Ich bin verzweifelt, dass sie sich so weit vergessen hat, sich zu so großen Niedrigkeiten und Unwürdigkeiten hinreißen zu
lassen, die sie entehren und ein ewiger Flecken auf dem Ehrenschild der Familie
sein werden. Ich begreife nicht, wo sie diese schlimmen Neigungen her hat, für
die sie niemals Beispiele gesehen hat.*

Doch ganz gleich, wie tugendhaft die Braunschweiger Welfen auch sein
mochten, in Berlin zerriss man sich genüsslich das Maul über das sittenwid-
rige Verhalten der Kronprinzessin. Graf Lehndorff, der Kammerherr von
Königin Elisabeth Christine, notierte im November 1768 in sein Tagebuch:
*Nach meiner Rückkehr aus Paris bekomme ich von den schrecklichen Vorgän-
gen im Hause Preußen zu hören. Ein junger Musiker namens Pietro ist Gegen-
stand aller Geschichten, die man von der Prinzessin von Preußen zu erzählen
weiß. Das Volk war so entrüstet, dass es laut schrie, man solle sie fortschicken
und dem Prinzen eine andere Frau geben.*

Die moralische Entrüstung der Berliner hatte natürlich einen guten
Grund. Während die männlichen Mitglieder des Königshauses ihren sexuellen Bedürfnissen freien Lauf lassen konnten – auf jeden Fall vor, oft genug
aber auch während der Ehe –, erwartete man von ihren Frauen unbedingte
Treue. Schließlich wollte man sichergehen, dass auch das „richtige" blaue Blut
in den Adern der Nachkommen floss. Selbst den Untertanen war es keineswegs egal, was sich in den königlichen Schlafzimmern abspielte. Was bürgerlichen Frauen nicht gestattet war, durften sich auch die aristokratischen Damen nicht erlauben. Schließlich wollte man doch zu ihnen aufschauen.

Dank Lehndorffs Aufzeichnungen erfahren wir noch weitere Einzelheiten des Skandals: *Die Sache mit der Prinzessin von Preußen wird immer
schlimmer, sie wird jetzt fortwährend beobachtet und wagt ohne die Königin
oder die Prinzessin-Witwe keinen Schritt zu tun. Viele glauben, dass sie fortge-
schickt wird. Der berüchtigte Pietro ist verhaftet und nach Magdeburg gebracht worden. Man hat Briefe gefunden, die alles beweisen, wessen man die
Prinzessin anklagt.* Leider sind besagte Briefe nicht mehr vorhanden, sie
wurden verständlicherweise schleunigst vernichtet. Doch Lehndorff hatte

anscheinend die Möglichkeit, einen Blick in die verfänglichen Schreiben zu werfen, wie zumindest aus seinem Tagebuch hervorgeht: *Mein teuerer Pietro, soll es in einem der Briefe geheißen haben, komm doch nach Berlin auf den Ball, den der Prinz Heinrich am 24. Januar gibt. Ich kann nicht leben ohne Dich! Du musst mich von hier entführen und ich will Dir überall hin folgen. Ich will lieber trockenes Brot essen, als mit meinem dicken Tölpel leben.*

Das hörte der so Titulierte natürlich überhaupt nicht gern, zumal sich die Liebesaffäre seiner Gemahlin auch außerhalb Preußens herumsprach und die peinliche Geschichte an den europäischen Höfen genüsslich zerpflückt wurde. So schrieb Lehndorff im Februar 1769: *Die schauderhafte Geschichte hat zu viel Lärm gemacht, ganz Europa weiß davon. Der Gemahl ist entrüstet, die königliche Familie voller Verachtung gegen die Sünderin. Einige behaupten, sie würde für verrückt erklärt werden und man würde daraufhin die Scheidung aussprechen. Es ist ein Jammer, dass diese junge Person auf so merkwürdige Abwege geraten musste, denn sie ist hübsch und liebenswürdig.*

Trotzdem hatte man am Hohenzollernhof keine andere Wahl. Im April 1769 entschloss sich Friedrich II., die Ehe des „langen Neffen" aufzulösen. Die „schlimme Elisabeth" musste Berlin verlassen und wurde nach Stettin verbannt, wo sie 1840 schließlich im hohen Alter von knapp 94 Jahren gestorben ist. Ihr einziges Kind – die 1767 geborene Friederike – hat sie nie mehr wiedergesehen. Die Prinzessin lebte in den nächsten Jahren bei ihrer Großmutter Luise Amalie und wurde nach deren Tod 1780 in die Obhut ihrer königlichen Tante Elisabeth Christine gegeben. Hier blieb sie bis zu ihrer Hochzeit mit dem englischen Prinzen Friedrich von York, einem Mann übrigens, der sie nach Strich und Faden betrogen hat …

Mätresse Wilhelmine Encke

Kaum war der „lange Neffe" von der „schlimmen Elisabeth" geschieden, da hatte der König bereits eine neue Gemahlin für Friedrich Wilhelm an der Hand. Es handelte sich dabei um Friederike Luise von Hessen-Darmstadt (1751–1805), die Tochter der allseits bewunderten „großen Landgräfin" Caroline, einer engen Vertrauten des Preußenkönigs.

Schon im Juli 1769 feierte man auf Schloss Charlottenburg die zweite Hochzeit des Kronprinzen. Wieder war es keine Liebesheirat, doch die arrangierte Ehe erfüllte wenigstens ihren wichtigsten Zweck. In den nächsten Jahren brachte Friederike Luise sieben Kinder zur Welt, die bis auf eine früh verstorbene Tochter alle das Erwachsenenalter erreichten. Der älteste, 1770 geborene Sohn, bestieg nach dem Tod seines Vaters 1797 als Friedrich Wilhelm III. den preußischen Thron.

Im gleichen Jahr, in dem der Kronprinz Friederike Luise heiratete, scheint er die hübsche Wilhelmine Encke mit den aparten schwarzen Locken zu seiner Geliebten gemacht zu haben. Wilhelmines äußere Vorzüge beschrieb auch der strenge Lord Malmesbury: *Sie ist groß von Person, munter im Aussehen, nachlässig in ihrer Kleidung und gewährt eine wahrhaftige Vorstellung von einer vollkommenen Bacchantin.* Doch das war nur die eine Seite. Wilhelmine war und blieb nicht nur die „Seelenfreundin" des Kronprinzen und späteren Königs, sie erwies sich auch als kluge und einfühlsame Ratgeberin, die sich gleichwohl nie in politische Angelegenheiten einmischte.

In Falkenhagen bei Finkenkrug in der Nähe von Nauen richtete sich das Paar ein heimliches „Liebesnest" ein, und schon bald merkte Wilhelmine, dass sie ein Kind erwartete. Doch dann endete die Schwangerschaft 1770 mit einer Fehlgeburt, und auch zwei weitere Kinder, die bald danach zur Welt kamen, starben kurz nach der Geburt. Erst der 1779 geborene Sohn Alexander, den Friedrich Wilhelm über alles liebte, schien zu einem hoffnungsvollen Knaben heranzuwachsen, bevor auch er 1787 mit nur achteinhalb Jahren starb. Das einzige überlebende Kind des Paares war Tochter Marianne, die 1780 das Licht der Welt erblickte und 1786 gemeinsam mit ihrem Bruder in den Grafenstand erhoben wurde.

Inzwischen hatte der Kronprinz seine Geliebte schon längst nach Potsdam geholt und sie zunächst im Haus des Potsdamer Hofgärtners untergebracht, später in einer geräumigen Villa in der Nähe des Charlottenburger Schlosses am Ufer der Spree.

Spaßverderber Rosenkreuzer

Zwölf Jahre lang blieb Wilhelmine die Mätresse des Kronprinzen, bis er ihr 1781 gestand, dass er sich von ihr trennen wollte, um künftig einen durch und durch tugendhaften Lebenswandel zu führen. Was hatte ihn bloß dazu veranlasst? Im gleichen Jahr war Friedrich Wilhelm dem Rosenkreuzerorden beigetreten, einer bis ins Mittelalter zurückreichenden Bruderschaft. Die Rosenkreuzer betrieben bei ihren Zusammenkünften alchemistische, theosophische und naturwissenschaftliche Studien, arbeiteten an ihrer persönlichen Vervollkommnung und strebten eine christliche Durchdringung der Gesellschaft an. Friedrich Wilhelm, im religionskritischen Umfeld seines königlichen Onkels Friedrich II. aufgewachsen, suchte von klein auf einen festen Halt in seinem Leben. Als 34-Jähriger soll der Kronprinz eine Art religiöses Erweckungserlebnis gehabt haben, als ihn angeblich eine unsichtbare Hand an die Schulter gefasst und eine Stimme „Jesus" geflüstert haben soll. Bei den christlich orientierten Rosenkreuzern fand Friedrich Wilhelm zumindest vorübergehend eine geistige Heimat.

Nach der Trennung von Wilhelmine Encke verheiratete der Kronprinz seine (Ex-)Geliebte 1782 mit Johann Friedrich Rietz (1755–1809), dem Sohn des Hofgärtners, bei dem Wilhelmine eine Zeit lang in Potsdam gelebt hatte. Ob die Liebesaffäre nach einer gewissen Zeit trotzdem heimlich weiterging, ist nicht ganz klar. Den Sohn, den Wilhelmine 1785 zur Welt brachte und den sie Friedrich Wilhelm nannte, hat der Kronprinz jedenfalls nicht als den seinen anerkannt. Das hinderte ihn aber nicht daran, den Jungen 1796 zum Domherrn in Cammin zu ernennen und ihn auf diese Weise zu versorgen. Nur aus alter Freundschaft zu Wilhelmine?

Die Tizian-Schönheit Julie von Voss

Mit dem tugendhaften Lebenswandel des Kronprinzen war das ohnehin so eine Sache. Der Geist mochte willig sein, doch das Fleisch war schwach. Nach der Geburt von sieben Kindern hatte Königin Friederike Luise ihrem Gemahl nämlich 1783 klargemacht, dass sie künftig nicht mehr bereit war, das Bett mit ihm zu teilen. Friedrich Wilhelm, der die Thronfolge auf jeden Fall gesichert sah, hatte nichts dagegen einzuwenden. Er verzichtete jedoch auf eine Scheidung, wie sie in diesem Fall möglich gewesen wäre, und griff stattdessen tief in seine Schatulle, um der Mutter seiner Kinder ein sorgenfreies und standesgemäßes Leben auf Schloss Monbijou zu ermöglichen. Der Umgang der beiden Eheleute blieb auch weiterhin von gegenseitigem Respekt geprägt.

Der Vielgeliebte

1784 lernte Friedrich Wilhelm während eines Besuchs bei seiner Tante, Königin Elisabeth Christine, deren junge Hofdame kennen, Julie von Voss (1766–1789). Es war – wieder einmal – die berühmte „Liebe auf den ersten Blick" und damit ging es Friedrich Wilhelm wohl ähnlich wie seinem Vater, der sich seinerzeit unsterblich in Sophie von Pannwitz, später verheiratete Voss verliebt hatte, die Tante der schönen Julie. Fräulein von Voss muss eine überaus anziehende Erscheinung gewesen sein, schlank, mit guter Figur, feinen Gesichtszügen und üppigem rötlich-blondem Haar. Zeitgenossen schilderten sie als Schönheit, die einem Gemälde Tizians hätte entsprungen sein können.

Nur die gestrenge Tante Sophie von Voss beobachtete die Liaison ihrer Nichte mit gemischten Gefühlen: *Der Prinz kam zum Diner nach Schönhausen*, vertraute sie am 18. März 1786 ihrem Tagebuch an, *blieb den ganzen Nachmittag und schien nichts zu sehen als Julie*. Und am 12. Dezember 1786 – inzwischen hatte Friedrich Wilhelm als der zweite dieses Namens den preußischen Thron bestiegen – hieß es: *Der König scheint nur glücklich zu sein, wenn er sie sieht. Wo sie ist, sieht er niemanden als sie, spricht nur mit ihr und hat nichts anderes im Kopf als seine Leidenschaft.* Trotz aller Werbungen blieb Julie aber standhaft, zumindest wenn man den Beobachtungen des Grafen Mirabeau vertraut, des damaligen französischen Gesandten in Berlin. Er notierte zur gleichen Zeit: *Der König verharrt noch immer in der selben respektvollen Leidenschaft für Fräulein von Voss. Sie widersteht ihm standhaft, aber er gibt ihr täglich neue Beweise seiner Neigung und zeichnet sie durch die größten Aufmerksamkeiten aus.*

Ganz offensichtlich gehörte Julie von Voss zu jener recht seltenen Spezies adeliger Damen, die nicht bereit waren, ohne Trauschein mit einem Mann ins Bett zu gehen, mochte es sich auch um den König höchstpersönlich handeln. Nun lebte dieser zwar getrennt von Tisch und Bett, doch auf dem Papier war er natürlich weiterhin mit Friederike Luise verheiratet. Was also konnte man in diesem Fall tun? Anders als der englische König Heinrich VIII. wollte sich Friedrich Wilhelm auf keinen Fall scheiden lassen, allein schon, um das Ansehen seiner Gemahlin nicht zu ramponieren. Es gab aber zum Glück einen anderen Weg, den er selbst als frommer Protestant beschreiten konnte, und das war eine morganatische Ehe.

Eine „Ehe zur linken Hand"

Werfen wir zunächst einen Blick in die Geschichte. Schon im frühen Mittelalter war es in Adelskreisen nicht unüblich gewesen, neben der standesgemäßen Verbindung eine sogenannte „Friedelehe" einzugehen, die auf der freien Neigung von Mann und Frau beruhte (Friedel = ahd. Geliebte/r). Diese Form der „Nebenehe" war durchaus rechtlich anerkannt, wenn auch mit gewissen Einschränkungen verbunden, ebenso wie die spätere morganatische Ehe. Dieser Begriff leitet sich vom lateinischen *matrimonium ad morganaticum* ab, was so viel bedeutet wie „Ehe auf reine Morgengabe". Damit war die Frau in der Regel zu Lebzeiten abgesichert, doch weder sie selbst noch die Kinder, die aus einer solchen Verbindung hervorgingen, konnten irgendwelche Erbansprüche geltend machen. In Deutschland hatte die morganatische Ehe noch bis zum Ersten Weltkrieg Bestand und wurde 1919 abgeschafft. Der Volksmund sprach auch von der „Ehe zur linken Hand", weil die Braut bei der Trauung auf der linken Seite stand.

Die Friedelehe, die im frühen Mittelalter zumindest beim Adel an der Tagesordnung gewesen war, verschwand mit der Durchsetzung des Christentums allmählich in der Versenkung – um im Zeitalter der Reformation zu neuem Leben erweckt zu werden. Damit hatte es folgende Bewandtnis: Der hessische Landgraf Philipp I. (1504–1566), auch bekannt als „der Großmütige", war seiner ihm rechtlich angetrauten Ehefrau überdrüssig geworden und nicht länger gewillt, den Beischlaf mit der Ungeliebten zu vollziehen. Am liebsten wäre ihm eine rasche Scheidung gewesen, aber dafür lieferte ihm seine sittsame Gemahlin nicht den geringsten Anlass. Nun dachte Philipp wahrscheinlich an Heinrich VIII., der nach jahrelangen inneren Kämpfen und theologischen Gutachten endlich seine Geliebte Anne Boleyn heiraten konnte. Doch die Situation des hessischen Landgrafen gestaltete sich anders. Anders als Heinrich VIII., der mit der katholischen Kirche gebrochen hatte, war Philipp Protestant und wollte es auch gerne bleiben.

Das Problem wurde akut, als Philipp die anmutige Hofdame Margarete von der Saale (1522–1566) kennen lernte und die junge Dame nur allzu gern zu seiner Frau gemacht hätte. Als frommer Mann fragte er die Reformatoren Luther und Melanchton höchstpersönlich um Rat, wobei er gewusst haben dürfte, dass sich Martin Luther im Falle Heinrichs VIII. strikt gegen eine Scheidung ausgesprochen hatte. Als einzige Alternative fiel Luther nur die Bigamie ein, die dem göttlichen Recht nicht widersprach.

Schließlich hatte sich schon der alttestamentarische Erzvater Abraham mit Hagar eine Nebenfrau genommen, weil die ihm angetraute Sarah noch keinen Erben zur Welt gebracht hatte. Auf dieser Grundlage gaben Luther und Melanchton ihren Segen zu der morganatischen Ehe, die Landgraf Philipp I. am 4. März 1540 in Rotenburg mit Margarete von der Saale schloss. Damit hatte der „großmütige" Hesse einen interessanten Präzedenzfall geschaffen, und nicht wenige Fürsten machten in den kommenden Jahrhunderten von dieser praktischen Möglichkeit Gebrauch.

Auch Friedrich Wilhelm II. hatte sich entschlossen, Julie von Voss in morganatischer Ehe zu heiraten. Der reformierte Prediger und königliche Beichtvater Johann Friedrich Zöllner erklärte sich ebenso wie Königin Friederike Luise einverstanden und traute das Paar am 26. Mai 1787 in der Kapelle des Charlottenburger Schlosses. Doch die Ehe mit der sanften Julie, die noch im November des gleichen Jahres zur Gräfin Ingenheim erhoben wurde, stand unter keinem guten Stern. Nachdem sie im Januar 1789 einen Sohn zur Welt gebracht hatte, starb sie nur zwei Monate später an Tuberkulose. Prompt brodelte in Berlin die Gerüchteküche: Wilhelmine Rietz, ehemalige Encke, so hieß es, habe ihre Nebenbuhlerin wahrscheinlich aus lauter Eifersucht vergiftet. Tatsächlich steckte in dem üblen Hofklatsch natürlich kein einziges Körnchen Wahrheit. Wilhelmine und Friedrich Wilhelm waren auch weiterhin enge Freunde, und zu solch einem gemeinen Verbrechen wäre die freundliche Dame überhaupt nicht fähig gewesen.

Szenen einer neuen Ehe – Sophie von Dönhoff

Mochte der König auch noch sosehr um die verstorbene Gräfin Ingenheim trauern, so dauerte es doch nicht lange, bis er den Reizen einer anderen Dame verfiel. Im April 1789 war Gräfin Sophie von Dönhoff (1768–1838) zur neuen Hofdame der Königin Friederike Luise ernannt worden, und schon bald zeichnete sich ab, dass sie Friedrich Wilhelms neue Favoritin werden würde. Am 27. Januar 1790 lesen wir ins Sophie von Voss' Tagebuch: *Es frappiert mich, dass er die neue Hofdame sehr zu beachten scheint.* Und schon drei Tage später wird die Voss noch deutlicher: *Man sagt hier, dass die Intensität zwischen dem*

Preußenkönig Friedrich Wilhelm II. und seine (Ehe-)Frauen   105

König und der Dönhoff rasch entstanden und bereits weit gediehen sei. Dass er sehr verliebt in sie ist, sehe ich, aber eine solche erneute Schuld wäre doch gar zu schrecklich; ich kann nicht glauben, dass es dahin kommt. Doch dann erfüllten sich die schlimmsten Befürchtungen der sittenstrengen Sophie von Voss schneller, als sie gedacht hatte. Schon am 11. April 1790 notierte sie in ihr Tagebuch: *Die Kameke sagt mir, der König habe sich mit der Dönhoff trauen lassen. Zöllner soll die Trauung verrichtet haben in der Wohnung ihrer Tante, der Solms, und dann sind sie nach Potsdam.*

Das war leider kein bloßer Hofklatsch. Sophie von Dönhoff war es in Windeseile gelungen, den König zu überreden, auch mit ihr eine morganatische Ehe einzugehen. Doch es dauerte nicht lange, bis Friedrich Wilhelm diesen Schritt bitter bereute, denn schon bald präsentierte die Dönhoff eine Seite, die ihm so überhaupt nicht behagte: *Die Gräfin Dönhoff fesselt durch jenes Zusammenspiel von Reizen, Liebenswürdigkeit, Capricen und Launen, welche die Leidenschaft noch mehr entflammt,* schrieb Oberst Dampmartin, *Sie meint aber, es stehe ihr zu, gleich einer Herrscherin mitzureden. Das aber liebt der König nicht. Trotz seiner Artigkeit gegen Frauen fühlt er sich doch als Herrscher ... Die Dönhoff spielt die Souveränin. Der König hingegen hasst es, mit Damen über Politik zu diskutieren.*"

Die ständige Einmischung der Dönhoff in Staatsangelegenheiten führte zu unschönen Szenen, die dem König rasch auf die Nerven gingen. Am 16. Februar 1791 notierte Sophie von Voss voller Genugtuung: *Souper bei der alten Königin. Der König und die regierende Königin waren da, nicht aber die Schöne, wie wieder brouilliert mit dem König ist, denn sie zanken sich jetzt fortwährend.* Und drei Tage später heißt es: *Man sagt, es sei alles zu Ende zwischen dem König und der Gräfin; sie will nicht wieder nach Potsdam, sondern will fort, macht dem König Vorwürfe, dass er noch immer unter dem Einfluss der Rietz stehe.*

Doch Sophie von Voss hatte sich zu früh gefreut. Nur kurze Zeit später kam es zur leidenschaftlichen Versöhnung des Paares und bald war nicht mehr zu übersehen, dass die Dönhoff ein Kind erwartete und voller Stolz ihren immer runder werdenden Bauch präsentierte. Am 24. Januar 1792 verrät uns schließlich Sophie von Voss: *Die Dönhoff wurde heute in ihrem Zimmer im Schloss von einem Sohn entbunden.*" Und am 15. Februar notiert sie: *"Heute war die Taufe bei der Dönhoff. Der Kleine hat vom König den Namen eines Grafen von Brandenburg erhalten und heißt Friedrich Wilhelm.*

Verbannung in die Schweiz

Doch Geburt des Kindes konnte nicht darüber hinwegtäuschen, dass die Verbindung der beiden schon längst in einer tiefen Krise steckte. Offenbar war der König zu sehr Gentleman oder auch zu feige, sich von seiner morganatischen Ehefrau zu trennen, zumal diese schon bald wieder schwanger wurde. Und so atmete Friedrich Wilhelm erleichtert auf, als er endlich einen triftigen Grund fand, die Gräfin aus Potsdam fortzuschicken: den Krieg mit dem revolutionären Frankreich 1792. Angeblich aus Sicherheitsgründen schickte er Sophie von Dönhoff im Juni des Jahres ins schweizerische Neuchâtel und hoffte offenbar heimlich, sie niemals wiederzusehen. Das zumindest ist dem Tagebuch der Voss zu entnehmen. Am 20. Juni 1792 heißt es in ihrem Tagebuch: *Die Dönhoff ist plötzlich abgereist und man sagt, für immer.*

Am 4. Januar 1793 brachte die Gräfin in Neuchatel ihr zweites Kind zur Welt, eine Tochter, die pikanterweise auf den Namen Julie getauft wurde. Wäre es nach dem Willen des Königs gegangen, dann hätte die Dönhoff, finanziell großzügig abgesichert, ihr weiteres Leben in der Schweiz verbracht. Doch so leicht ließ sich die ehrgeizige Gräfin nicht abschieben. Im November 1793 tauchte sie mit ihrer kleinen Tochter plötzlich und unerwartet im Potsdamer Marmorpalais auf. Nachdem sich der König vom ersten Schrecken erholt hatte, berichtete er seiner alten Freundin Wilhelmine vom Auftritt der Gräfin: *Wir haben großen Alarm gehabt; ich sitze ruhig im neuen Orangen-Saal und spiele meine Quartete ... mit einem Mal geht die Tür auf und kommt die Gräfin D. wie eine Furie hineingestürmt, fällt auf die Knie, spricht lauter ungewaschenes Zeug, die Solmsen folgt ihr und trug die kleine Tochter. Ich sprang gleich von meinem Stuhl, riss das dolle Mensch auf und zog sie aus dem Saal ... da sprachen wir miteinander und blieb es dabei, dass wir geschiedene Leute bleiben; dann ging sie ... die kleine Tochter, die charmant ist, hat sie mir gelassen.*

Damit war das Kapitel „Dönhoff" beendet. Die „charmante" kleine Julie wuchs künftig bei Wilhelmine Rietz auf und wurde 1794 gemeinsam mit ihrem Bruder in den Grafenstand erhoben.

Inzwischen war der „vielgeliebte" König 50 Jahre alt, trotz seiner Korpulenz aber noch immer eine stattliche Erscheinung, die großen Eindruck auf die Damenwelt machte. Das war umgekehrt genauso der Fall, und so

Preußenkönig Friedrich Wilhelm II. und seine (Ehe-)Frauen 107

fiel es Friedrich Wilhelm auch künftig nicht schwer, hübsche junge Frauen ins königliche Schlafgemach zu lotsen. Die letzte Liebe des alternden Monarchen galt der anmutigen Tänzerin Sophie Schulzki: *Ich habe endlich ein Mädchen gefunden, mit dem ich gewiss glücklich sein kann und so ganz auch nach meinem Herzen*, schrieb er am 9. November 1795 an Wilhelmine, *es ist eine Berlinerin, 19 Jahre.*

Lange konnte Friedrich Wilhelm II. sein Liebesglück aber nicht mehr genießen. Im Oktober 1797 erlitt er offenbar einen schweren Schlaganfall, von dessen Folgen er sich nicht mehr erholte. Bis zum Schluss liebevoll gepflegt von seiner „Seelenfreundin" Wilhelmine Rietz, die er im Vorjahr zur Gräfin Lichtenau erhoben hatte, starb er am Morgen des 16. November 1797 im Alter von 53 Jahren.

Ihre langjährige treue Freundschaft zum König wurde Wilhelmine schlecht vergolten. Dessen Sohn, der nunmehrige Friedrich Wilhelm III., hatte gleich nach seinem Regierungsantritt nichts Eiligeres zu tun, als die frühere Mätresse seines Vaters verhaften zu lassen. Für ihn stand zweifelsfrei fest, dass es Wilhelmines Schuld war, dass der „Vielgeliebte" Frau und Kinder viele Jahre lang vernachlässigt hatte. Obwohl sich Wilhelmine nichts hatte zuschulden kommen lassen, ließ der neue König ihr Vermögen bis auf einen kleinen Rest konfiszieren und die Gräfin nach Glogau verbannen. Erst 1811 wurde sie rehabilitiert und durfte nach Berlin zurückkehren. Königliche Mätressen suchte man in Preußens Hauptstadt inzwischen jedoch vergebens ...

Der Spätzünder –
Goethe und die Frauen

Nur wer die Sehnsucht kennt/weiß was ich leide/allein und abgetrennt/von aller Freude ... Mit diesen Zeilen beginnt eines der bekanntesten Liebesgedichte Goethes. Es erweckt den Anschein, als habe sich der Poet vor lauter Sehnsucht nach einer in der Ferne weilenden Geliebten verzehrt. War es tatsächlich so? Fand es Goethe nicht geradezu ideal, die Damen nur aus der Ferne anzuhimmeln? Im täglichen Zusammensein – mit seiner späteren Ehefrau Christiane Vulpius – zeigte er sich jedenfalls nicht von seiner romantischen Seite, im Gegenteil.

Viele der sogenannten großen Männer haben mit großen Gefühlen oftmals ihre liebe Not, ganz besonders wenn es um solch zarte Empfindungen wie die Liebe geht. Es fällt ihnen nicht immer leicht, der Dame ihres Herzens auf Augenhöhe zu begegnen und vielleicht sogar einmal Schwäche zu zeigen.

Auch bei Johann Wolfgang von Goethe, dem „deutschen Dichterfürsten", der wunderbare Verse über Sehnsucht und Liebe zu Papier gebracht hat, bleibt in Herzensdingen so manches rätselhaft, selbst wenn er sich über Mangel an weiblicher Zuwendung kaum beklagen konnte.

Schon seine Mutter Katharina verwöhnte den Erstgeborenen, ihren „Hätschelhans", der am 28. August 1749 in Frankfurt am Main das Licht der Welt erblickt hatte. Hingegen kümmerte sich der ernste und strenge Vater Caspar Goethe vornehmlich um eine gute und standesgemäße Ausbildung des Sohnes, der als Jurist eines Tages in seine Fußstapfen treten sollte. Er selbst hatte schließlich als kaiserlicher Rat eine wichtige Position inne.

Wie in großbürgerlichen Kreisen üblich erteilte er dem Knaben zunächst selbst Unterricht, bevor er Johann Wolfgang der Obhut eines Privat-

Christiane Vulpius auf einem Bildnis nach einer Kreidezeichnung von Friedrich Bury.

lehrers übergab. Beide Eltern scheinen Goethe maßgeblich geprägt zu haben, zumindest reimte der Poet in späteren Jahren: *Vom Vater hab ich die Statur, des Lebens ernstes Führen, vom Mütterchen die Frohnatur, und Lust zu fabulieren.*

Erster Liebeskummer

Im August 1768, soeben 19 Jahre alt geworden, verließ Goethe seine Heimatstadt, um in Leipzig Jura zu studieren. Als er drei Jahre später an den Main zurückkehrte, arbeitete er eine Zeit lang als Anwalt. Doch seine große Leidenschaft gehörte schon damals der Literatur. Immer wieder griff er zu Tinte und Federkiel und verfasste kleinere Stücke, bis ihm 1774 mit „Die Leiden des jungen Werther", einem typischen Produkt der Sturm-und-Drang-Zeit, der literarische Durchbruch gelang. Das Werk machte Goethe schlagartig berühmt, denn mit der tragischen Geschichte zielte er genau auf die neue Empfindsamkeit seiner Altersgruppe. Tatsächlich beruht der Roman auf einer wahren Begebenheit: Karl Wilhelm Jerusalem (1747–1772), ein guter Bekannter Goethes, hatte sich unsterblich in die Ehefrau eines Freundes verliebt, ohne Aussicht, die Angebetete jemals für sich zu gewinnen. Diese unglückliche Liebe ließ ihn so verzweifeln, dass er freiwillig aus dem Leben schied.

Auch Goethe machte damals – 1772, als er mehrere Monate in Wetzlar verbrachte – eine ganz ähnliche Krise durch. Sein Herz hing an der fünf Jahre jüngeren Charlotte Buff, die zu der Zeit zwar noch nicht verheiratet, aber doch bereits mit dem Gesandtschaftssekretär Johann Christian Kestner verlobt war. Anders als der bedauernswerte Karl Wilhelm Jerusalem hing Goethe jedoch sehr an seinem Leben, kehrte nach Frankfurt zurück – und verarbeitete das Wetzlarer Liebesdrama stattdessen auf literarische Weise: Charlotte Buff wurde zum Vorbild für die Lotte in „Werther".

Aber auch künftig hatte der junge Goethe mit den Frauen nur wenig Glück. Im April 1775 verlobte er sich mit Lili Schönemann, der Tochter eines Frankfurter Kaufmanns. Doch wirklich erfüllend war auch diese standesgemäße Verbindung nicht. Wenig später aber gab eine schicksalhafte Begegnung Goethes unerfülltem Leben die entscheidende Wendung. Noch im gleichen Jahr lernte er den 18-jährigen Karl August kennen,

den jungen Herzog von Sachsen-Weimar, der soeben erst die Regierungsgeschäfte übernommen hatte. Karl August wollte auf seiner „Kavalierstour" durch Deutschland nicht nur mit dem berühmten Autor des
„Werther" zusammentreffen, er war auch auf der Suche nach klugen Rat-
gebern. Und weil er einen tüchtigen, staatspolitisch orientierten Juristen
gut gebrauchen konnte, machte er Goethe den sensationellen Vorschlag,
ihm doch nach Weimar zu folgen. Warum eigentlich nicht?, mag der sich
gedacht haben. Beruflich und privat reichlich frustriert zögerte er nicht
lange und sagte dem jungen Herzog zu. Er löste seine Verlobung mit Lili
Schönemann und war somit bereit, in dem kleinen Städtchen an der Ilm
ein neues Leben zu beginnen.

Goethes Ankunft in Weimar

Doch was hatte Weimar dem 26-jährigen Goethe zu bieten? Die Residenzstadt von Sachsen-Weimar, einem der ältesten und kleinsten Fürstentümer
Thüringens, konnte man nicht gerade als den „Nabel der Welt" bezeichnen.
Mit rund 6000 Einwohnern war Weimar vergleichsweise winzig. Weit mehr
als ein Viertel der Bewohner stand im Dienste des Herzogs, auch Handwer-
ker und Gewerbetreibende arbeiteten hauptsächlich für den Fürstenhof.
Jetzt würde auch Goethe zu diesem Kreis gehören.

Am 7. November 1775 kam Goethe in Weimar an – und blieb mit einigen
Unterbrechungen bis zu seinem Lebensende. Der junge Herzog stellte ihm
das heute berühmte Gartenhaus in den Ilmwiesen zur Verfügung, das für
die nächsten sieben Jahre sein Zuhause war. Im Juni 1776 wurde Goethe
zum Geheimen Legionsrat und damit zum Staatsbeamten ernannt. Die Zu-
sammenarbeit mit Herzog Karl August funktionierte hervorragend, und
bald waren die beiden jungen Männer gute Freunde.

Karl August hatte mit dem Frankfurter Dichter ein gutes Händchen ge-
habt. Von Goethe gingen nicht nur entscheidende Impulse zur Reform des
Rechtswesens aus, er engagierte sich auch für die Förderung von Kunst und
Wissenschaft, initiierte die Gründung des Weimarer Hoftheaters und den
Ausbau der Universität Jena.

Und wo blieb die Liebe? Natürlich lagen die Damen der Gesellschaft dem
gut aussehenden Dichter zu Füßen, zumal er es rasch gelernt hatte, den

galanten Höfling zu geben. Schließlich war er nicht nur Staatsbeamter, als enger Freund des Fürsten ging Goethe auch im Weimarer Schloss ein und aus. Auch hier bewunderte man den berühmten Dichter, der nur wenig später zum eindeutigen „Star" des Weimarer Musenhofs werden sollte. Noch aber steckte dieser Musenhof in den Kinderschuhen. Die verwitwete Herzogin Anna Amalia (1739–1807) begeisterte sich zwar für die Dichtkunst, besonders für die gerade erst erwachende deutsche Literatur. Doch bislang hatte sie nach dem frühen Tod ihres Gemahls alle Hände voll zu tun gehabt, die Regierungsgeschäfte für ihren unmündigen Sohn Karl August zu führen. Doch jetzt, nach dessen Volljährigkeit, hatte sie endlich wieder genügend Zeit, ihren eigenen Interessen nachzugehen. Anna Amalia machte aus ihrem Wittumspalais einen literarischen Salon, der in der Folgezeit Dichter und Denker aus ganz Deutschland anzog, darunter Wieland, Herder und Schiller. Im Mittelpunkt der Aufmerksamkeit aber stand kein anderer als Johann Wolfgang von Goethe.

Eine herrliche Seele – Charlotte von Stein oder Anna Amalia?

In Anna Amalias Salon machte der Dichter eine ganze Reihe interessanter Bekanntschaften. Eine ganz besondere Freundschaft aber verband ihn mit der sieben Jahre älteren Charlotte von Stein, einer früheren Hofdame Anna Amalias. Von ihr schwärmte Goethe schon im Februar 1776: *Eine herrliche Seele ist die Frau von Stein, an die ich, so was man sagen kann, geheftet und genistelt bin.* Er nannte sie seinen Engel und seine Madonna, doch der wahre Kern dieser Beziehung erschien ihm selbst rätselhaft: *Ich kann mir die Bedeutsamkeit, die Macht, die diese Frau über mich hat, anders nicht erklären als durch Seelenwanderung ... Ja, wir waren einst Mann und Weib! Nur wir wissen von uns, verhüllt in Geisterduft.*

Charlotte von Stein wurde zu Goethes Muse und zu seiner engsten Vertrauten. Davon zeugen zahllose Briefe und Gedichte, Zeugnisse einer einzigartigen Seelenfreundschaft. Es ist nämlich kaum anzunehmen, dass die innige Beziehung der beiden jemals die platonische Ebene verlassen hat. Schließlich war Charlotte von Stein verheiratet und Mutter von mehreren Kindern.

Oder galt diese geheimnisvolle Freundschaft *verhüllt in Geisterduft* womöglich einer ganz anderen Frau? Vor einigen Jahren tauchte nämlich die Hypothese auf, dass die wenig attraktive und verschlossene Charlotte von Stein in Wirklichkeit nur als „Platzhalterin" diente, um Goethes heimliche Liebesbeziehung zu einer anderen Dame zu decken. War die *herrliche Seele* also überhaupt nicht die ehemalige Hofdame, sondern keine Geringere als Anna Amalia selbst, die 1739 geborene Herzogin-Witwe und Gründerin des Weimarer Musenhofs? War sie Goethes Geliebte?

Herzogin-Witwe Anna Amalia

Werfen wir zunächst einen Blick auf die Herzogin-Witwe Anna Amalia. Sie war das fünfte Kind des Herzogs Karl von Braunschweig-Wolfenbüttel (1713–1780) und seiner Gemahlin Charlotte, einer Schwester Friedrichs des Großen. Anna Amalias Jugend war nach eigenem Bekunden nicht sonderlich glücklich gewesen, sie fühlte sich zurückgesetzt und von ihrer großen Familie nie richtig anerkannt. Nur der Braunschweiger Prinzenerzieher Abt Jerusalem schrieb schon 1753 über die 15-jährige Prinzessin: *Ihr Geist hat die Zeit noch nicht gehabt, sich vollständig zu entwickeln. Sie fängt erst an, in der großen Welt zu erscheinen, und sie hat noch nicht Mut genug, wie sie ist zu scheinen. Sie hätte alles Feuer, ihren Sentiments das schönste Leben zu geben. Aber sie verbirgt sich noch vor sich selbst.*

Die kleine „Spätzünderin" war erst 17 Jahre alt, als man sie mit Ernst August Konstantin vermählte, einem jugendlichen Fürsten, der bereits die Regierungsverantwortung für das kleine Herzogtum Sachsen-Weimar übernommen hatte. Anna Amalia folgte ihm 1756 an die Ilm und schenkte ihm zwei Kinder: Karl August (1757) und Konstantin (1758). Doch die Geburt seines jüngeren Sohnes erlebte der Vater schon nicht mehr. Der junge Herzog starb im Mai 1758 kurz vor seinem 21. Geburtstag und Anna Amalia, die mit knapp 19 Jahren Witwe geworden war, übernahm die Regentschaft für ihren Sohn Karl August bis zu dessen Volljährigkeit im Jahr 1775.

Kann es wirklich sein, dass es sich bei Anna Amalia um Goethes heimliches „Objekt der Begierde" handelte? Und wenn ja, was zog ihn an der zehn Jahre Älteren so an?

Nun, die „alte Herzogin", wie sie bei Hof genannt wurde, war inzwischen

Goethe und die Frauen

37 Jahre alt und hatte sich, ganz wie es Abt Jerusalem prophezeit hatte, von einem „hässlichen Entlein" zum „stolzen Schwan" entwickelt, zumindest in intellektueller Hinsicht. Eine Schönheit war sie offenbar keine, zumindest wenn man den zeitgenössischen Porträts Glauben schenken darf. Und doch machte sie die mangelnde äußere Attraktivität durch ihre interessante Persönlichkeit wett. Auf jeden Fall schätzte Goethe an Anna Amalia das umfassende Wissen, ihre Energie, mit der sie das kleine Herzogtum 17 Jahre lang durch alle Höhen und Tiefen gesteuert hatte, ihre Kenntnisse in Musik, Kunst und Literatur. Gewiss wird man sich auch über Goethes „Bestseller" unterhalten haben, „Die Leiden des jungen Werther". Der bedauernswerte Karl Wilhelm Jerusalem war für Anna Amalia schließlich kein Unbekannter, hatte doch dessen Vater als langjähriger Prinzenerzieher bei ihren Eltern im Schloss von Wolfenbüttel gelebt, bevor die herzogliche Familie 1753 ihren Hauptsitz in die Braunschweiger Residenz verlegte.

So hatten Goethe und Anna Amalia zumindest ein exklusives Gesprächsthema, über das sie sich unterhalten konnten. Und sonst, was gab es noch – außer guten Gesprächen? Ist es tatsächlich vorstellbar, dass sich die beiden Hals über Kopf ineinander verliebten, wie es die Hypothese annimmt? Sie, Anna Amalia, die Herzogin, und er, Goethe, ein Bürgerlicher? Und sollte es tatsächlich so gewesen sein, welche Rolle spielte dann Charlotte von Stein? Folgt man der Hypothese, dann hat die einfühlsame Vertraute Anna Amalias als Einzige am Weimarer Hof bemerkt, dass es zwischen den beiden „gefunkt" zu haben schien. Daraufhin habe sie die Herzogin vorsichtig auf das Thema angesprochen und Anna Amalia habe ihre ehemalige Hofdame in das Geheimnis eingeweiht. Auf diese Weise sei es zu einem pikanten Arrangement zwischen beiden Frauen gekommen: Charlotte von Stein soll ihrer früheren Dienstherrin nicht nur äußerste Diskretion versichert haben, sie bot angeblich auch an, ihr als „Strohfrau" den Rücken frei zu halten und offiziell als Muse und Seelenverwandte des Dichters zu fungieren. Das würde heißen: Charlotte von Stein war nur für die Öffentlichkeit die Adressatin sämtlicher Briefe und Gedichte Goethes, während die Zeilen tatsächlich an Anna Amalia gerichtet waren.

Heimliche Liebe zur Herzogin?

Fragt sich nur: Wo sind die Beweise, die angeblich für eine solche Liaison sprechen? Kurz gesagt: Es gibt keine, lediglich vage Indizien wie Briefe, die Zeitgenossen verfasst haben und in die man, so man will, allerlei „hineinlesen" kann. So schrieb zum Beispiel Gräfin Görtz im Sommer 1780 an ihren Herrn Gemahl: *Goethe hat einen Eifersuchtsanfall. Dieser kann sich aber unmöglich auf Frau von Stein beziehen, die auf ihrem Landgut Kochberg weilt und dort von Goethe auch besucht wird. Anna Amalia hingegen unternimmt mit dem Künstler A. F. Oeser ab dem 21. September eine Reise nach Mannheim, um dort den berühmten Antikensaal zu studieren.*

Bei Adam Friedrich Oeser (1717–1799) handelt es sich um den Herrn, der Anna Amalia Malunterricht erteilte, so wie es bei Hof durchaus üblich war. Wie wir von Gräfin Görtz aber wenig später erfahren, stand Anna Amalia *mit dem Genie par Excellence* (Goethe) *auf besserem Fuß als jemals zuvor ... Er ist bei nahezu allen Soupers letzter.*

Auf Schloss Tiefurt bei Weimar, einem einsam gelegenen kleinen Landhaus, traf Anna Amalia des Öfteren mit Goethe zusammen, um in Ruhe mit ihm zu plaudern. Geht man allerdings davon aus, dass die beiden mehr verband als das gemeinsame Interesse an Literatur, dann wurde die Angelegenheit 1786 offenbar brenzlig. Aus Angst, die Amour fou könne publik werden, soll Goethe Weimar damals fluchtartig in Richtung Italien verlassen haben, bevor er erst im Juni 1788 wieder zurückkehrte.

Doch was spricht wirklich für eine Liebesbeziehung zu Anna Amalia? War es tatsächlich so ungewöhnlich, dass der Dichter die abendliche Tafelrunde der Herzogin als Letzter verließ? Kann der „Eifersuchtsanfall" nicht auch „rein platonisch" gewesen sein, weil er lieber selbst im Mittelpunkt der Aufmerksamkeit stehen und Anna Amalia nach Mannheim begleiten wollte? Und außerdem: Es ist kaum vorstellbar, dass sich eine Dame des europäischen Hochadels, für die höfische Etikette so wichtig war wie für Anna Amalia, in eine Liebesbeziehung zu einem Bürgerlichen stürzt. Gerade weil die Herzogin so sehr auf Standesunterschiede bedacht war, wäre sie eine solche Mesalliance wohl nie im Leben eingegangen. Und Goethe? Er war viel zu klug, um sich auf diese Weise in die Abhängigkeit einer solch einflussreichen Frau wie Anna Amalia zu begeben. Wäre er nämlich in

Ungnade gefallen, hätte sie ihm den Laufpass gegeben, und das hätte für ihn das gesellschaftliche Aus bedeutet. Tatsächlich war Goethe viel zu klug, als dass er riskierte hätte, in Weimar zur Persona non grata zu werden.

In Wirklichkeit war der Grund für Goethes Italienreise der Überdruss am politischen Tagesgeschäft, an dem immer gleich verlaufenden höfischen Leben im beengten Weimar sowie die unbändige Lust auf etwas Neues, wirklich Aufregendes. Aus Angst vor einem Eklat hat er Weimar jedenfalls nicht verlassen.

Glaubt man seinen „Römischen Elegien", dem Gedichtzyklus, den er nach seiner Rückkehr verfasst hat, dann hat Goethe in Rom die körperliche Liebe genossen – und allem Anschein nach war es sein erstes erotisches Abenteuer überhaupt: *Aber die Nächte hindurch hält Amor mich anders beschäftigt/Werd ich auch halb nur gelehrt, bin ich doch doppelt beglückt/Und belehr ich mich nicht, indem ich des lieblichen Busens/Formen spähe, die Hand leite die Hüfte hinab?* In amourösen Dingen war Goethe bislang alles andere als ein „Draufgänger" gewesen, eher das genaue Gegenteil. Der Dichter zeichnete sich lange Zeit durch eine gewisse Bindungsscheu aus. Sowohl die von ihm angebetete Charlotte Buff als auch Frau von Stein waren gebundene Frauen, die er nach Herzenslust aus der Ferne anhimmeln konnte. Sobald es ernst zu werden drohte – wie im Fall seiner Verlobten Lili Schönemann –, nahm er Reißaus. Er scheute aber auch sexuelle Kontakte mit Prostituierten, denn wie viele junge Männer seiner Zeit hatte Goethe eine panische Angst vor den verheerenden Folgen der Syphilis, an der schon zahlreiche galante Herren elend zugrunde gegangen waren. Doch unter der südlichen Sonne Italiens scheint der Dichter seine Ängste überwunden zu haben.

Begegnung mit Christiane Vulpius

Die Zeit in Italien hatte Goethe verändert. Das spürte auch seine seelenverwandte Freundin Charlotte von Stein. Sinnlich sei er geworden, stellte sie missmutig fest. Tatsächlich hatte sie auch allen Grund zur Eifersucht: Knapp einen Monat nach seiner Rückkehr aus Italien, vermutlich am 12. Juli 1788, lernte Goethe eine junge Frau kennen, die er bald darauf zu seiner Geliebten machte: die 23-jährige Christiane Vulpius.

Christiane Vulpius suchte den berühmten Dichter damals auf, weil sie ein Herzensanliegen hatte. Sie bat Goethe, sich für ihren stellungslosen Bruder Christian August einzusetzen, der sich ebenfalls als Schriftsteller versuchte.[6] Was aber zog Goethe an der 23-jährigen Christiane so an, zumal sie ja nicht gerade als Schönheit zu bezeichnen war und zudem aus recht einfachen Verhältnissen stammte? Sie verdiente ihr Geld mit der Herstellung künstlicher Blumen. Aber vielleicht war es ja genau das, ihre Bodenständigkeit, die sie so grundlegend von den Damen der höfischen Gesellschaft unterschied, mit denen der Dichter bislang verkehrt hatte. Trotz ihres jungen Alters wirkte Christiane schon sehr lebenserfahren und schien eine ausgereifte Persönlichkeit zu besitzen. Vor allem aber: Sie war zur rechten Zeit am rechten Ort, gleichsam eine „reife Frucht", die dem „sinnlich gewordenen Goethe" in den Schoß fiel.

Mit dieser schicksalhaften Begegnung begann eine stürmische Liebesaffäre, die Goethe fast ein Dreivierteljahr vor der Weimarer Gesellschaft geheim hielt. Er war kaum noch zu Gast bei Hof, blieb lieber bei seiner Christiane. Wie stürmisch sich die Beziehung anfangs gestaltete, beweisen noch vorhandene Rechnungen des örtlichen Schreinermeisters Spangenberg, der Goethes Bett mehrfach reparieren musste: *Bett beschlagen, sechs Paar zerbrochene Bänder dazu mit Nägeln ... ein neu gebrochenes Bett beschlagen zum Unterschieben.*

Auch wenn es Meister Spangenberg gewiss nicht an Diskretion vermissen ließ, so wurde Goethes Liebesaffäre im Frühjahr 1789 doch in ganz Weimar bekannt. Allem Anschein nach hatte der junge Fritz von Stein Christiane Vulpius im Gartenhaus angetroffen, als er eigentlich dem Dichter einen Besuch abstatten wollte. Das Ganze erzählte er zunächst einmal brühwarm seiner Mutter Charlotte von Stein. Die war natürlich zutiefst schockiert, dass sich ihr „Seelenverwandter" plötzlich mit einem – wie sie es ausdrückte – *liederlichen Frauenzimmer* abgab. Verbittert über die Mesalliance zog sie sich von dem Dichter zurück. Über Jahre sollen Goethe und Charlotte von Stein kein Wort miteinander gewechselt haben. Dafür redete sie umso mehr mit anderen. Am 8. März 1789 schrieb nämlich Caroline Herder

---

[6] 1798 gelang Christian August Vulpius mit seinem Roman über den Räuberhauptmann Rinaldo Rinaldini ein beachtlicher Publikumserfolg.

Goethe und die Frauen

an ihren Mann nach Rom: *Ich habe nun das Geheimnis von der Stein selbst, warum sie mit Goethe nicht mehr recht gut sein will. Er hat die junge Vulpius zu seinem Klärchen und lässt sie oft zu sich kommen.*

Der außereheliche Sohn August

Natürlich blieb die Affäre nicht ohne Folgen. Ende April 1789 stellte Christiane Vulpius fest, dass sie allem Anschein nach schwanger war. Diese Entdeckung muss ein Schock für sie gewesen sein, denn Goethe hatte keineswegs vor, die Beziehung zu legitimieren. Warum? Über die Gründe lässt sich nur spekulieren. Wollte er damit seine dezidiert antikirchliche Haltung zum Ausdruck bringen? Schließlich gab es damals noch keine Ziviltrauung. Oder wähnte er sich als berühmter Dichter und enger Freund des Herzogs Karl August über den Dingen? 1782 war er in den Adelsstand erhoben worden, was seinen privilegierten Status bei Hof noch mehr zementiert hatte. Doch bei aller (verständlichen) Eitelkeit: Dachte Goethe überhaupt nicht an Christiane? Immerhin stand sie als ledige Schwangere mit einem Fuß im Gefängnis, denn offenkundig gewordene „Unzucht" stand damals noch unter Strafe. Dank seiner guten Beziehungen konnte der Dichter zwar die Klippen des Strafrechts umschiffen, sodass Christiane Vulpius unbehelligt blieb. Zumindest im juristischen Sinne, denn in der Weimarer Gesellschaft begann man nun erst recht, sich das Maul zu zerreißen. Dabei verhielt sich die Oberschicht in moralischer Hinsicht auch nicht gerade vorbildlich. Herzog Karl August selbst hatte, wenngleich verheiratet, verschiedene Mätressen, unter ihnen die berühmte Schauspielerin Caroline Jagemann. Dass Goethe jedoch die freie Liebe in einer „wilden Ehe" praktizierte, nahmen ihm die Herrschaften übel. Auch der Fürstenhof zeigte sich daher empört über diesen Tabubruch. Goethe musste das komfortable Haus am Frauenplan, das er 1782 bezogen hatte, wieder räumen und eine Wohnung vor den Toren der Stadt beziehen. Erst drei Jahre später durfte er wieder in sein altes Heim zurückkehren. Ob Karl August nur deshalb so harsch reagierte, weil seine Frau Luise und Mutter Anna Amalia Druck auf ihn ausübten, ist nicht ganz klar. Allerdings schrieb er im Mai 1789 in einem Brief an die Herzogin-Witwe: *Ich habe Goethe Ihren Auftrag kundgetan und er wird sich bemühen, Ihre Befehle zu erfüllen.*

Goethe ließ die Sanktionen zwar über sich ergehen, doch wirklich wohl war ihm nicht dabei. Nach dem Umzug im Spätherbst 1789 beschloss er, wieder einmal aus Weimar zu „fliehen", diesmal jedoch nur ins nahe gelegene Jena. Er kehrte erst wieder zurück, nachdem Christiane am 25. Dezember 1789 ihr Kind zur Welt gebracht hatte, einen Sohn, der auf den Namen August getauft wurde. Obwohl jeder wusste, wer der Erzeuger des Kindes war, bekannte sich Goethe offiziell nicht zu seiner Vaterschaft. Im Kirchenbuch ist der Name des Dichters nicht verzeichnet.

Goethes Doppelleben

Schon bald zeigte sich, dass die Nerven des empfindsamen Dichters dem Familienleben mit einem schreienden Säugling nicht gewachsen waren. Wieder suchte Goethe sein Heil in der Flucht und ging ein weiteres Mal auf Reisen. Zusammen mit Anna Amalia, die sich inzwischen wieder versöhnlich zeigte, fuhr er nach Italien und begleitete später auch Karl August auf eine Inspektionsreise nach Schlesien. Weimarer Freunde mutmaßten, er habe sich wohl für immer verabschiedet: *Man vermutet aber stark, dass er nicht mehr zurückkommen werde*, schrieb Friedrich von Schiller am 26. März 1790. Christiane Vulpius musste nun alleine sehen, wie sie mit der schwierigen Situation klarkam, selbst wenn sie im häuslichen Bereich Unterstützung durch Stiefschwester Ernestine und Tante Juliana Auguste erhielt, die beide mit in die neue Wohnung eingezogen waren.

Doch letztlich kehrte Goethe nach Weimar zurück und teilte auch das Bett wieder mit Christiane, die bald ihr zweites Kind erwartete. Aber diese Schwangerschaft endete tragisch: Am 14. Oktober 1791 kam ein Sohn tot zur Welt.

Inzwischen kannten sich Goethe und Christiane schon mehr als drei Jahre, und noch immer war von einer Hochzeit nicht die Rede. Das wäre vielleicht halb so schlimm gewesen, hätte sich Goethe fest zu seiner Lebensgefährtin und Mutter seines Sohnes bekannt. Doch Freunden und Verwandten gegenüber schwieg er sich über sein Privatleben aus. Ja, selbst seiner Mutter Katharina, die nach wie vor in Frankfurt lebte, berichtete er in seinen Briefen zwar ausführlich von der Arbeit und dem Weimarer Hofleben, verschwieg ihr jedoch fünf Jahre lang, dass er Frau und Kind hatte.

Dachte er gar nicht an Christiane? Wie muss sie sich bei dem Gedanken gefühlt haben, dass sie und ihr kleiner Sohn praktisch überhaupt nicht existierten? Goethe, der eine Zeit lang am Fürstenhof in Ungnade gefallen war, hatte sein altes Leben inzwischen längst wieder aufgenommen und führte eine Art Doppelexistenz. Das Familienleben hielt er strikt von seinem gesellschaftlichen Umgang getrennt. Als sei er faktisch noch Junggeselle war er regelmäßiger Gast am Hof, speiste fast jeden zweiten Tag dort zu Mittag und machte Herzogin Luise und Anna Amalia höfliche Komplimente. Das Thema „Christiane Vulpius" war bei solchen Gesprächen tabu.

Andererseits schätzte Goethe durchaus die Annehmlichkeiten, die das Zusammenleben mit Christiane mit sich brachte. Das betraf freilich weniger die erotische Komponente, vielmehr genoss er es, dass sie ihm ein gemütliches Zuhause bereitete: *Mach nur, dass unser Häuschen recht ordentlich wird*, schrieb er 1792, als er Herzog Karl August auf einen Feldzug nach Frankreich begleitete. *Ich denke immer an Dich und den Kleinen und besuche Dich im Hause und im Garten und denke mir schon, wie hübsch alles sein wird, wenn ich wiederkomme ... Es wird mir noch besser schmecken, wenn mein lieber Küchenschatz das Essen zubereiten wird.* Christianes eigene Bedürfnisse scheinen ihn nur wenig interessiert zu haben. Schließlich wollte der „Dichterfürst" auch keine wirkliche Partnerin, sondern eine „brave Hausfrau", die all seinen Wünschen und Anordnungen kritiklos zustimmte.

Der unsichtbare „Bettschatz"

Sohn August blieb das einzige Kind. Drei weitere Kinder (geb. 1793, 1795 und 1802) starben ebenfalls kurz nach der Geburt. Die Ursache hierfür ist nicht bekannt. Möglicherweise handelte es sich um eine Blutgruppen-Unverträglichkeit bedingt durch einen unterschiedlichen Rhesus-Faktor, dessen Existenz erst 1940 entdeckt wurde.

Doch auch diese Schicksalsschläge scheinen das Paar nicht enger zusammengeschweißt zu haben. Christiane blieb der „Bettschatz", wie Mutter Goethe die Lebensgefährtin ihres Sohnes abfällig nannte, nachdem sie endlich von deren Existenz erfahren hatte. Im Übrigen aber war sie eher die Dienstmagd des Dichters. Im frisch renovierten Haus am Frauenplan empfing Goethe zahlreiche illustre Gäste, Dichterkollegen wie Hölderlin, Kleist oder Jean Paul. Doch es gibt keinen einzigen Beleg dafür, dass Christiane beim Empfang der Besucher anwesend war. Stattdessen musste sie still und unauffällig im Hintergrund bleiben, das Essen kochen, den Tisch decken, Getränke und Dessert bereitstellen. Goethe allein war Hausherr und Gastgeber. Warum? Hielt er sich nur an die Etikette? Oder schämte er sich für Christiane, die, wenn man sich Porträts von ihr ansieht, noch nicht einmal besonders hübsch gewesen zu sein scheint? Dabei wusste man in Weimar durchaus, mit wem der Dichter zusammenlebte. Trotzdem nannte Wieland Christiane nur *Goethes Magd* und am Weimarer Hof war sie offiziell *die von Goethesche Haushälterin*. Man tat sich leicht damit, die Augen vor der Realität zu verschließen. Das gilt auch für Goethe selbst.

Wie schäbig Christiane behandelt wurde, wird besonders deutlich, wenn man sich Schillers Familienleben ansieht. Sooft Goethe seinen Dichterfreund besuchte, war stets auch dessen Ehefrau Charlotte anwesend, mit der er seit 1790 verheiratet war. In diesem Fall hatte Goethe nichts dagegen einzuwenden, dass Frau und Kind ganz selbstverständlich mit bei Tisch saßen und Charlotte auch an den abendlichen Gesprächen der beiden Männer teilnahm. Derweil betonte Friedrich von Schiller in seinen Briefen wiederholt, dass er Christiane Vulpius niemals zu Gesicht bekommen habe. Wahrscheinlich, so seine Vermutung, habe Goethe sie darum gebeten, „unsichtbar" zu bleiben. Schiller erkannte aber auch, dass die Beziehung nicht glücklich war, und sprach ganz offen von Goethes *elenden häuslichen Verhältnissen, die er zu schwach ist zu ändern ... Durch seine unglückliche Ehescheu ist er in ein Verhältnis geraten, welches ihn in seinem eigenen häuslichen Kreis drückt und unglücklich macht und welches abzuschütteln er leider zu schwach und zu weichherzig ist.*

Ähnlich äußerte sich Caroline Schlegel: *Ich sprach heute mit Schillern, warum er* (Goethe) *sich nur nicht eine schöne Italienerin mitgebracht hat. Jetzt tut es ihm wohl weh, die Vulpius zu verstoßen, und nicht wohl, sie zu behalten.*

Es gab also keine solidarische Anteilnahme der Weimarer Damenwelt. Auch Frau von Stein oder Charlotte Schiller wollten mit Christiane nichts zu tun haben. Dafür blühten Klatsch und Tratsch, Charlotte von Stein schrieb süffisant: *Seine Demoiselle, sagt man, betrinkt sich alle Tage, wird aber dick und fett. Der arme Goethe, der lauter edle Umgebungen haben*

Goethe und die Frauen 123

wollte! Ob Christiane ihren Kummer wirklich in Alkohol ertränkte, sei dahingestellt. Es wäre wohl nur allzu verständlich gewesen.

Späte Hochzeit mit *Mademoiselle Vulpius*

Dann aber gab es doch noch eine Überraschung. Im Herbst 1806 war das kleine Herzogtum Sachsen-Weimar zum Kriegsschauplatz geworden. Nachdem Napoleon aus der Entscheidungsschlacht bei Jena und Auerstedt am 14. Oktober 1806 als Sieger hervorgegangen war, drangen marodierende französische Soldaten auch nach Weimar vor, plünderten, brandschatzten und bedrohten die zu Tode erschrockene Bevölkerung. Auch Goethe machte eine unfreiwillige Bekanntschaft mit den Soldaten jenes Mannes, den er im Grunde seines Herzens so sehr bewunderte. Noch in der gleichen Nacht konnte er aber erleichtert in sein Tagebuch notieren: *Erhaltung unseres Hauses durch Standhaftigkeit und Glück.* War also der Dichterfürst der raubenden Rotte mutig entgegengetreten? Mitnichten. Christiane war es gewesen, die den Soldaten mit Courage und Entschlossenheit den Zugang zu ihrem Haus am Frauenplan verwehrt hatte. Wie es heißt, soll Goethe aus lauter Dankbarkeit seine „Langzeitbeziehung" wenige Tage später geheiratet haben. War das wirklich der Grund – nach 18 Jahren „wilder Ehe" und der Geburt von fünf Kindern? Auf jeden Fall fand am 19. Oktober 1806 in der Sakristei der Weimarer Jakobskirche die Trauung des Dichters mit *Demoiselle Vulpius* statt. Den Bund fürs Leben vor dem Altar zu schließen, dazu hatte sich Goethe nun doch nicht durchringen können. Am nächsten Tag schrieb er ganz lapidar einem Vertrauten: *Um diese traurigen Tage durch eine Festlichkeit zu erheitern, haben ich und meine kleine Hausfreundin gestern ... den Entschluss gefasst, in den heiligen Stand der Ehe ganz förmlich einzutreten.*

Christiane war von Goethes Heiratsantrag gewiss ebenso überrascht wie die Damen der Weimarer Gesellschaft, als sie von der überstürzten Hochzeit des „Dichterfürsten" erfuhren: *Während der Plünderung hat er sich mit seiner Mätresse öffentlich in der Kirche trauen lassen,* notierte Frau von Stein, während die seit 1805 verwitwete Charlotte von Schiller vermutete, dass diesem Entschluss ein *panischer Schrecken* zugrunde liegen müsse. War es also doch keine Dankbarkeit gegenüber seiner „Lebensretterin" Christiane? Vermutlich hat die Schreckensnacht Goethe plötzlich klargemacht, wie bedroht seine Existenz tatsächlich war, selbst wenn er sein nacktes Leben retten konnte. Er lebte in einem komfortablen Haus, das ihm in Wirklichkeit gar nicht gehörte. Sollte Herzog Karl August durch Napoleons Willen den Thron verlieren, dann stünde auch Goethe vor dem Scherbenhaufen seiner Existenz. Vermutlich wollte er angesichts der unübersichtlichen Lage nur eine stabile Komponente in sein Leben bringen, die Ehe mit Christiane Vulpius.

Aus Christiane, die 18 Jahre lang, auch von ihrem Lebensgefährten, als *Mademoiselle Vulpius* bezeichnet worden war, war nun Frau von Goethe geworden. Endlich hatte sie einen offiziellen Status als Ehefrau und musste sich nicht länger mit der Position der unsichtbaren Dienstmagd begnügen. Am nächsten Tag nahm Goethe sie sogar mit in den Salon der Johanna Schopenhauer, die mit ihrer kleinen Tochter Adele erst unlängst nach Weimar gezogen war. Als Bürgerliche hatte die weltoffene Johanna Schopenhauer ohnehin weniger Berührungsängste als die aristokratische Gesellschaft. Am 20. Oktober 1806 schrieb sie in einem Brief an ihren Sohn, den späteren Philosophen Arthur Schopenhauer: *Ich empfing sie, als ob ich nicht wüsste, wer sie vorher gewesen wäre. Ich denke, wenn Goethe ihr seinen Namen gibt, können wir ihr wohl eine Tasse Tee geben. Ich sah deutlich, wie sehr mein Benehmen sie freute ... Goethe blieb fast zwei Stunden und war so gesprächig und freundlich, wie man ihn seit Jahren nicht gesehen hat. Er hat sie noch zu niemandem als zu mir in Person geführt. Als Fremden und Großstädterin traut er mir zu, dass ich die Frau so nehmen werde als sie genommen werden muss. Sie war in der Tat sehr verlegen, aber ich half ihr bald durch. Morgen will ich meine Gegenvisite machen.*

Die Weimarer Gesellschaft hingegen blieb reserviert, reagierte sogar feindselig. Gehässig bezeichnete Charlotte von Schiller Christiane als *ein Nichts von Leerheit und Plattheit*. Und Frau von Stein meinte nur lakonisch, mit der Hochzeit habe Goethes offensichtliche *Mägdenatur* wohl endgültig gesiegt.

Für Christiane änderte sich durch die Eheschließung nicht allzu viel. In den Augen der feinen Herrschaften blieb sie weiterhin nur der *Bettschatz* des Dichters, der für seinen Gang vor den Traualtar zutiefst bedauert wurde. Aber auch Goethe selbst fühlte sich durch die Hochzeit nicht enger an Christiane gebunden, im Gegenteil. Er nahm sich auch weiterhin alle Freiheiten, die er brauchte, war viel auf Reisen und nur selten daheim in

Weimar. Christiane nahm das alles stillschweigend hin, auch wenn sie entsetzlich unter der Missachtung leiden musste. Ihre einst so robuste Gesundheit schwand zunehmend dahin.

Nach knapp zehnjähriger Ehe starb die schwer kranke Christiane von Goethe am 6. Juni 1816 kurz nach ihrem 51. Geburtstag. Der Dichter notierte am gleichen Tag in seinen Kalender: *Sie verschied gegen Mittag. Leere und Totenstille in und außer mir. Ankunft und festlicher Empfang der Prinzessin Ida und Bernhards ... abends brillante Illumination der Stadt. Meine Frau um zwölf Uhr nachts im Leichenhaus. Ich den ganzen Tag im Bett.*

Mir ist so wohl in ihren Armen ... –
Frauen um Adele Schopenhauer

Eigentlich sind sogenannte Patchwork-Familien oder die gleichgeschlechtliche Partnerschaft Errungenschaften des 21. Jahrhunderts. Lange Zeit wurde über Lebensformen, die nicht der gängigen Moral entsprachen, lieber der Mantel des Schweigens gedeckt. Zumindest nach außen musste der schöne Schein auf jeden Fall gewahrt bleiben. Doch schon im 19. Jahrhundert gab es Frauen, die sich den Konventionen ihrer Zeit widersetzten – selbst wenn sie dafür einen hohen Preis zahlen mussten.

Auch Dichter und Denker können manchmal irren. So machte zum Beispiel der berühmte Philosoph Arthur Schopenhauer (1788–1860) aus seiner Ansicht über die Minderwertigkeit der Frauen keinen Hehl. In dem Traktat „Über die Weiber" (1850) heißt es: *Schon der Anblick der weiblichen Gestalt lehrt, dass das Weib weder zu großen geistigen, noch körperlichen Arbeiten bestimmt ist ... Zu Erzieherinnen unserer ersten Kindheit eignen sich die Weiber gerade dadurch, dass sie selbst kindisch, läppisch und kurzsichtig sind, mit einem Wort: Zeit ihres Lebens große Kinder, eine Art Mittelstufe zwischen dem Kind und dem Mann, welcher der eigentliche Mensch ist.* Auch rein optisch fand Schopenhauer keinen Gefallen an den Frauen: *Das niedrig gewachsene, schmalschultrige, breithüftige und kurzbeinige Geschlecht das schöne zu nennen, konnte nur der vom Geschlechtstrieb umnebelte männliche Intellekt. Mit mehr Fug und Recht kann man das weibliche Geschlecht das unästhetische nennen. Weder für Musik noch Poesie noch bildende Künste haben sie wirklich und wahrhaftig Sinn und Empfänglichkeit.*
Woher bloß hatte Arthur Schopenhauer, der bekanntlich ein Leben lang Junggeselle blieb und nur einen Pudel an seiner Seite duldete, solche selt-

Johanna Schopenhauer mit ihrer Tochter Adele auf einem Gemälde
von Cornelia Bardua von 1806.

samen „Weisheiten"? Er kann nämlich weder seine Mutter Johanna noch seine Schwester Adele vor Augen gehabt haben, als er diese hasserfüllten Zeilen niederschrieb. Beide waren schließlich hochgebildet, vielseitig begabt und obendrein auch noch schriftstellerisch tätig. Die Fähigkeit zu

Frauen um Adele Schopenhauer   129

geistiger Arbeit konnte er ihnen also auf keinen Fall absprechen. Sein Verhältnis zu Mutter und Schwester war jedoch aufgrund langjähriger Erbstreitigkeiten völlig zerrüttet. Konnte Schopenhauer etwa deshalb keine Frauen leiden, weil er den Eindruck hatte, er sei in finanzieller Hinsicht von ihnen über den Tisch gezogen worden? Oder steckte womöglich etwas anderes dahinter? War die eigentliche Ursache vielleicht der unkonventionelle Lebensstil seiner Schwester Adele?

Jugendzeit in Weimar

Adele war das zweite und letzte Kind des Danziger Kaufmanns Heinrich Floris Schopenhauer und seiner Ehefrau Johanna. Nach dem Umzug der Familie nach Hamburg kam die Tochter am 12. Juni 1797 in der norddeutschen Hansestadt zur Welt. Durch den Altersunterschied von neun Jahren hatte das kleine Mädchen nur wenige Berührungspunkte mit Bruder Arthur, sodass sich eine innige Geschwisterliebe erst gar nicht entwickeln konnte. Überhaupt lag über Adeles Kindheit ein dunkler Schatten. Die Ehe der Eltern war unglücklich, der Vater litt unter schweren Depressionen und schied 1805 durch Freitod aus dem Leben.

Heinrich Floris Schopenhauer hinterließ seiner Familie ein stattliches Erbe, das der Witwe und ihren Kindern ein sorgenfreies Leben ermöglichte. Erst später schrumpfte das Kapital durch riskante Finanzgeschäfte und wurde so zum Auslöser der bereits erwähnten Erbstreitigkeiten.

Während Arthur aufgrund seiner beruflichen Ausbildung in Hamburg zurückblieb, zog Johanna Schopenhauer mit Tochter Adele nur wenig später nach Weimar, jene Stadt, die wegen ihres berühmten „Musenhofs" noch immer Anziehungspunkt für Dichter und Denker war. Hier konnte sich Johanna Schopenhauer (1766–1838) ganz in ihrem Element fühlen, denn auch sie hatte sich bereits als Unterhaltungsschriftstellerin einen Namen gemacht. Selbst wenn ihre zahlreichen Romane heute längst in Vergessenheit geraten sind, so waren darunter doch einige recht interessante Reisebeschreibungen, die sich durch gute Beobachtungsgabe und hohes stilistisches Niveau auszeichneten.

In Weimar – wie konnte es anders sein – eröffnete Johanna Schopenhauer einen Salon, in dem sich bald interessante Gäste einfanden, unter ihnen auch Johann Wolfgang von Goethe, der eindeutige „Star" des Weimarer Musenhofs.

Die junge Adele wuchs also ganz selbstverständlich in diese illustre Gesellschaft hinein und genoss die intellektuelle Atmosphäre, die damals in dem kleinen Städtchen an der Ilm herrschte. Natürlich sorgte Mutter Johanna auch für eine sorgfältige Ausbildung ihrer begabten Tochter und ließ sie in Literatur ebenso gründlich wie in Musik und Malerei unterrichten. Adele spielte Klavier, hatte eine hübsche Stimme, malte und zeichnete – das alles mit überdurchschnittlichem Talent. Vor allem die von ihr angefertigten Scherenschnitte waren kleine Meisterwerke dieser damals beliebten Kunstgattung. Obendrein hatte sie wohl von ihrer Mutter das Talent zum Erzählen geerbt. Goethe, der bald zum guten Freund der kleinen Familie geworden war, fand großen Gefallen an der klugen Adele und ermunterte sie, ihre vielfältigen Begabungen weiter zu pflegen.

Verliebt in Ottilie von Goethe

Die Jahre vergingen und Adele Schopenhauer wuchs zu einer klugen jungen Frau heran, die man allerdings nicht gerade als Schönheit bezeichnen konnte. Dabei war sie weder *niedrig gewachsen* noch *breithüftig*, wie es Bruder Arthur für das weibliche Geschlecht so typisch zu sein schien. Im Gegenteil, groß und schlank, wie sie war, hätte man heutzutage wohl neidisch von „Modelmaßen" gesprochen, doch im 19. Jahrhundert bevorzugten die Herren der Schöpfung eher kleinere und nicht ganz so magere Damen. Die stattliche Körpergröße allein wäre vielleicht schon ein Minuspunkt bei der Suche nach dem passenden Ehemann gewesen. Doch vor allem die Tatsache, dass Adele aus ihrer umfassenden Bildung keinen Hehl machte und selbstbewusst mit diesem „Pfund" wucherte, hätte potenzielle Bewerber um ihre Hand möglicherweise abgeschreckt. Selbst für eine noch so kluge Frau schien es damals besser zu sein, nach außen hin mehr Herz als Geist und Verstand zu zeigen.

Aber Adele suchte ohnehin keinen Mann zum Heiraten. Genauer gesagt suchte sie überhaupt keinen Mann und gab stattdessen Frauen den Vorzug. Für diese Art sexueller Orientierung fehlten den Zeitgenossen damals aber noch die rechten Worte, und das nicht nur im übertragenen Sinne. Etwas verschämt sprach man von der „antiken Liebe", in diesem Fall wohl in An-

Frauen um Adele Schopenhauer 131

spielung auf die griechische Dichterin Sappho (um 590 v. Chr.), die auf der
Insel Lesbos gelebt und dort einen Kreis gleich gesinnter Gefährtinnen um
sich versammelt hatte. Daraus zog die Nachwelt den voreiligen Schluss, weil
es keinen Mann in ihrer Nähe gab, müsse Sappho wohl – dem Namen ihrer
Heimatinsel entsprechend – lesbisch gewesen sein.

Adele Schopenhauers erste „große Liebe" war Ottilie von Goethe (1796–
1872) geborene von Pogwisch, die Schwiegertochter des „Dichterfürsten".
Als Adele die fast gleichaltrige Ottilie kennen lernte, war die zwar noch
unverheiratet, allerdings schon mit dem großherzoglich sächsischen Geheimen Kammerrat August von Goethe verlobt. Dennoch machte sich Fräulein
Schopenhauer einige Hoffnungen, die Freundin von der geplanten Ehe abbringen zu können. Während eines Aufenthalts in Heidelberg im August
1816 schrieb sie Ottilie einen recht eindeutigen Liebesbrief: *Willst Du noch
einige Dutzend angenehme Erinnerungen und Träume, so gönnt sie Dir Deine
fröhliche Freundin – fast hätte ich Freund gesagt – denn wenn ich an unsere
Vereinigung, unsere Liebe zueinander denke, ist's mir oft, als wären wir keine
Mädchen.*

Das freilich sah Ottilie ganz anders. Sie war eindeutig heterosexuell
und ging auf Adeles Avancen in keiner Weise ein, obwohl sie die kluge
Freundin wirklich mochte. Wie geplant heiratete Ottilie im Juni 1817
August von Goethe und bekam mit ihm drei Kinder, selbst wenn die Ehe
nicht sonderlich glücklich war. Nachdem August 1830 während eines Aufenthalts in Rom überraschend gestorben war, wurde Ottilie zunächst so
etwas wie die Hausdame ihres greisen Schwiegervaters, bevor sie sich vergeblich auf die Suche nach der großen Liebe ihres Lebens machte. Doch
der Kontakt zu Adele riss nie ganz ab.

Begegnung mit Sibylle Mertens-Schaaffhausen

Adele Schopenhauer fühlte sich einsam und unglücklich. Im Dezember
1822 erlitt ihre Mutter Johanna einen Schlaganfall, von dessen Folgen sie
sich nie mehr richtig erholte. Zu den gesundheitlichen Problemen kamen
finanzielle Schwierigkeiten, und auch mit dem früher gut besuchten Salon
im Hause Schopenhauer ging es allmählich bergab. Als ledige junge Frau
war Adele regelrecht an ihre Mutter gekettet, und nur eine Ehe hätte sie aus

dieser Abhängigkeit befreien können. Zwar spielte sie tatsächlich hin und wieder mit dem Gedanken, konnte sich aber letzten Endes nicht zu einer Lebensform durchringen, die ihren Neigungen völlig widersprach. Kurz vor ihrem 30. Geburtstag geriet Adele Schopenhauer in eine schwere Krise. Sie fühlte sich *steinalt und hoffnungslos*, ganz ohne Aussicht auf ein erfülltes Leben, wie sie es sich einst erträumt hatte. In dieser depressiven Phase fasste sie im Mai 1827 den Entschluss, Weimar zumindest vorübergehend zu verlassen und das Rheinland zu bereisen, das sie schon in früheren Jahren kennen und lieben gelernt hatte.

Im September 1827 kam Adele schließlich nach Köln, wo eine Jugendfreundin von Johanna Schopenhauer lebte, die ihr den Zugang zur Kölner Gesellschaft ebnete. Zwar gab es hier keinen Fürstenhof wie in Weimar, dafür waren die rheinischen Bankiers und reichen Kaufleute in gesellschaftlicher Hinsicht tonangebend. Durch die Vermittlung ihrer Gastgeberin erhielt Adele im Januar 1828 Zutritt zum Salon der gleichaltrigen Sibylle Mertens-Schaaffhausen (1797–1857), die von ihren Freunden respektvoll „die Rheingräfin" genannt wurde. Sibylle Schaaffhausen, Tochter eines wohlhabenden Kölner Bankiers, war seit 1816 mit dem Weinhändler Louis Mertens verheiratet und hatte mit ihm sechs Kindern. Das letzte war erst vor einigen Monaten zur Welt gekommen. Die Familie lebte direkt im Herzen der Stadt Köln, besaß jedoch noch zwei weitere Wohnsitze außerhalb der Rheinmetropole. Um den Kindern ein Aufwachsen in der ländlichen Idylle zu ermöglichen, hatte das Ehepaar Mertens zunächst den „Zehnthof" bei Unkel südlich des Siebengebirges erworben und 1824 nach dem Tod von Sibylles Vater auch den „Auerhof" geerbt, ein Gut in Plittersdorf im Süden von Bonn, direkt am Rhein gelegen mit fantastischem Blick auf das Siebengebirge. Hier empfing die Familie in den Sommermonaten zahlreiche interessante Gäste, darunter die Professoren der 1818 gegründeten Universität Bonn, Künstler, Kunstsammler und Freunde der Archäologie.

Die „Rheingräfin" Sibylle Mertens-Schaaffhausen galt in der ersten Hälfte des 19. Jahrhunderts unter den Vertretern aus Wissenschaft, Kunst und Kultur als eine der begabtesten Frauen ihrer Zeit. Von Jugend an war sie eine begeisterte Anhängerin der Archäologie, die sich erst allmählich zu einer systematischen Wissenschaft entwickelte. Das Interesse an den „Altertümern" war bekanntlich geweckt worden, als der in Rom lebende Deutsche Johann Joachim Winckelmann (1717–1768) zum Golf von Neapel aufgebrochen war und über die erst kürzlich entdeckten Überreste von Pompeji und Herculaneum in seinem 1764 veröffentlichten Werk „Geschichte der Kunst des Altertums" berichtet hatte. Sibylle Mertens-Schaaffhausen besaß eine ganze Reihe archäologischer Objekte, darunter auch eine bedeutende antike Münzsammlung.

Befreundet war die gebürtige Kölnerin auch mit der Dichterin Annette von Droste-Hülshoff (1797–1848), die im Oktober 1825 für ein halbes Jahr nach Köln kam, um sich im milden rheinischen Klima von einer hartnäckigen Bronchitis zu erholen. Der Kontakt war zustande gekommen, weil die in Köln lebende Tante der Dichterin Patin eines der Mertens-Kinder war. Das Adelsgeschlecht der Droste, aus dem auch der Kölner Erzbischof Clemens August von Droste zu Vischering entstammt, hatte seinen Familiensitz auf einer einsamen Wasserburg in der Nähe von Münster. Annettes Leben, das ganz der Schriftstellerei gewidmet war, verlief eher still im Kreis der Familie und ausgewählter Freunde. Ihr dichterisches Werk, darunter „Die Judenbuche", wurde erst nach ihrem Tod bekannt und gewürdigt.

Überhaupt zog Sibylle Mertens-Schaaffhausen die Gesellschaft kluger Frauen der ihres sachlich-nüchternen Ehemannes entschieden vor. Und so war sie auch ganz begeistert, als im Januar 1828 Adele Schopenhauer in ihrem Salon auftauchte, eine „Seelenverwandte" mit großem Interesse an Kunst, Kultur und Wissenschaft. Die beiden Frauen mochten sich auf Anhieb, und Adele hatte, wie es scheint, endlich ihre große Liebe gefunden. Begeistert schrieb sie im Mai 1828 an Ottilie von Goethe: *Ich könnte alles zusammenfassen und mit einem Wort Dir sagen: Ich liebe sie ... Sie hat die Eisrinde meines Herzens gelöst ... Wie ich sie liebe, werde ich wohl nie wieder jemanden lieben.*

Mir ist so wohl in ihren Armen

Auch Sibylle fand großen Gefallen an Adele Schopenhauer. Während Louis Mertens beruflich in Köln gebunden war, verbrachte sie die Frühlingsmonate gemeinsam mit ihren Kindern und der neuen Freundin auf dem Auerhof im Süden von Bonn. Ob Sibylles Töchter und Söhne wohl mitbekommen haben, dass ihre Mutter hier das Bett mit einer anderen Frau teilte? Adele schrieb jedenfalls an Ottilie von Goethe: *Ich sah sie diese letzte Zeit immer, denn ich wohnte alle Woche und mehrere Tage bei ihr. Zuletzt schliefen wir in einem Zimmer, um zusammen zu bleiben. Dazu benutzten wir ein zweischläfriges französisches Bett. Mir ist so wohl in ihrer Nähe, in ihren Armen.* Damit wusste auch Ottilie von Goethe im fernen Weimar, dass ihre Freundin endlich die lang ersehnte Erfüllung gefunden hatte.

Nach den romantischen „Flitterwochen" auf dem Auerhof suchten beide Frauen nach einer Möglichkeit, auch künftig so oft wie möglich zusammen zu sein, ohne dadurch Anstoß in der Öffentlichkeit zu erregen. Zwar konnte Adele ihre Mutter nicht auf Dauer allein lassen, doch vielleicht war es ja möglich, dass sich auch Johanna Schopenhauer am Rhein niederließ. Schließlich war das Leben in Weimar recht teuer geworden und der Salon der Schriftstellerin gehörte inzwischen längst der Vergangenheit an. Was also hielt sie noch in Weimar? Tatsächlich fand die Mutter die Idee gar nicht einmal so schlecht, zumal Sibylle Mertens-Schaaffhausen auch gleich ein passendes Domizil zur Hand hatte: den Zehnthof bei Unkel, der nach dem Auszug des bisherigen Mieters praktischerweise leer stand.

Nach den notwendig gewordenen Renovierungsarbeiten konnten Adele und Johanna Schopenhauer im Mai 1829 in ihr neues Zuhause einziehen. Sibylle hatte sich im Zehnthof vorsorglich ein Zimmer reservieren lassen, angeblich, weil sie sich noch um einen nahe gelegenen Weinberg kümmern musste. Tatsächlich aber wollte sie keinen einzigen Tag von Adele getrennt sein. Nur in Begleitung ihrer jüngsten Tochter, der 1828 geborenen Auguste, zog Sibylle im August 1829 bei den Schopenhauer-Damen ein. Dass sie zwei Monate lang in Unkel blieb, viel länger als es die geschäftlichen Angelegenheiten erforderten, rechtfertigte sie mit ihrer angeschlagenen Gesundheit, der das Leben im turbulenten Köln eher abträglich war. Adele war selig über das intime Zusammensein mit Sibylle: *Sie lebt in mir und mit mir und ist in dem neuen Leben unentbehrlich, denn ihre Liebe, ihre Hingebung erhalten mich,* heißt es in einem weiteren Brief an Ottilie von Goethe. *Stürbe sie, so spränge ich jetzt in den Rhein, denn ich könnte ohne sie nicht bestehen.*

Doch es war nicht Tod der Geliebten, der die innige Zweisamkeit bedrohte, sondern deren misstrauisch gewordener Ehemann, der zusammen mit fünf Kindern in Köln ungeduldig auf die Rückkehr von Sibylle wartete. Zwar hatte Adele in ihrem Brief an Ottilie den Wunsch geäußert, Louis Mertens möge der Teufel holen, doch diese Hoffnung erfüllte sich nicht. Deshalb sah sie nur einen Ausweg aus der Misere: Im Herbst 1829 bat sie

Sibylle inständig, sich von Mertens scheiden zu lassen, um endlich für sie frei zu sein. Das war natürlich völlig unmöglich, allein schon aufgrund der geltenden Gesetzeslage. Zwar konnten Männer die Scheidung einreichen, wenn ihre Frau sie betrog, doch im umgekehrten Fall ging das nur dann, wenn der Gemahl seine Geliebte in den Haushalt aufnahm. Im Übrigen sah das Gesetz eine Liebhaberin der Ehefrau als Scheidungsgrund überhaupt nicht vor, insofern hätte Mertens seiner Frau auch keinen Seitensprung vorwerfen können. Sexuelle Handlungen zwischen Frauen, die noch bis ins 18. Jahrhundert hinein mit dem Tod bestraft werden konnten, galten inzwischen eher als lächerlich und waren strafrechtlich nicht zu belangen.

Es ist überhaupt fraglich, ob Sibylle zu einer Scheidung bereit gewesen wäre, die auf jeden Fall das gesellschaftliche Aus der Rheingräfin zur Folge gehabt hätte. Es hat jedoch den Anschein, als habe sie das Bett nicht mehr mit Mertens geteilt. Nach der Geburt von sechs Kindern, die in rascher Folge zur Welt gekommen waren, wurde Sibylle ab 1828 jedenfalls nicht mehr schwanger.

Krisenzeit

Inzwischen hatte sich Johanna Schopenhauer bestens im Rheinland eingelebt. Weil sie das Leben auf dem Zehnthof jedoch ein wenig zu einsam fand, mietete sie im Winter 1829/30 für sich und Adele eine geräumige Wohnung in Bonn, wo sie als bekannte Unterhaltungsschriftstellerin schon bald Zugang zur Gesellschaft bekam. Der Zehnthof diente beiden Damen nur noch als Sommersitz, bis sie ihn im Oktober 1832 völlig aufgaben.

Auch die Familie Mertens verlegte ihren Lebensmittelpunkt wenig später von Köln nach Bonn. Louis Mertens hatte seine führende Position, die er jahrelang im Bankhaus Schaaffhausen innegehabt hatte, wieder verloren und widmete sich jetzt neuen Aufgaben. Er bewirtschaftete die Länder um den Auerhof und kümmerte sich unter anderem um die Weingüter. 1834 bezog die Familie schließlich eine stattliche Villa in der Bonner Wilhelmstraße. Doch damit sind wir der Zeit vorausgeeilt. Zurück also ins Jahr 1830.

Inzwischen sahen sich Sibylle und Adele nicht mehr so häufig. Seit Sibylles ausgedehntem Aufenthalt in Unkel bestand Louis Mertens strikt darauf, dass seine Frau bei ihm blieb und Mann und Kinder nicht länger vernachlässigte.

Ende 1830 lernte Adele Sibylles Freundin Annette von Droste-Hülshoff kennen. Die Dichterin war nach Bonn gekommen, um den Winter bei der Familie ihres Vetters Clemens August von Droste zu Vischering zu verbringen. (Droste zu Vischering ist übrigens als streitbarer Kirchenmann in die Geschichte eingegangen: 1835 zum Kölner Erzbischof gewählt, legte er sich mutig mit der preußischen Regierung an, die sich damals anschickte, das traditionell katholische Rheinland langsam zu protestantisieren. Die unheilvollen „Kölner Wirren" gipfelten 1837 mit der Verhaftung Droste zu Vischerings, der jedoch später wieder auf freien Fuß kam.)

Anfangs war Adele auch recht angetan von Annette, doch das sollte sich rasch ändern. Während Johanna Schopenhauer mit ihrer Tochter zu einer längeren Reise aufgebrochen war, zog sich Sibylle Mertens-Schaaffhausen eine Kopfverletzung zu, die offenbar eine schwere Gehirnerschütterung zur Folge hatte und die Rheingräfin dazu zwang, längere Zeit das Bett zu hüten. Es wäre ihr gewiss am liebsten gewesen, wenn Adele nach Köln genommen wäre, um die Krankenpflege zu übernehmen. Sibylle hatte jedoch auch nichts dagegen einzuwenden, dass Annette von Droste-Hülshoff für die Verhinderte einsprang. Die Dichterin kümmerte sich liebevoll um ihre leidende Freundin, die sich nur ganz langsam wieder erholte und noch lange unter schweren Kopfschmerzen litt. Als Adele jedoch von ihrer Reise zurückkehrte, kam es zu einem heftigen Streit. Dass sich die Freundschaft zwischen Sibylle und Annette in den letzten Wochen so vertieft hatte, wenn auch nur rein platonisch, passte Adele Schopenhauer überhaupt nicht. Ihr temperamentvoller Eifersuchtsausbruch hatte zwar die vorzeitige Abreise der Droste-Hülshoff zur Folge, besiegelte aber auch das vorläufige Ende Adeles inniger Beziehung zu Sibylle Mertens-Schaaffhausen.

Begegnung mit Laurina Spinola

Das Band zwischen den beiden Frauen war zwar nicht völlig zerrissen, doch keineswegs mehr so fest wie zu Beginn ihrer Freundschaft. Zumindest Sibylle fühlte sich künftig nicht mehr ausschließlich an Adele gebunden.

Im Juli 1833 kam Anna Jameson nach Bonn, eine rothaarige irische Reiseschriftstellerin. Sie war zunächst in Weimar gewesen, wo die verwitwete Ottilie von Goethe nach dem Tod ihres Schwiegervaters noch in dessen Haus am Frauenplan lebte. Doch Ottilie, der die Irin offenbar eindeutige Avancen gemacht hatte, empfahl Anna gleich an Sibylle und Adele weiter, die für die „antike Liebe" bekanntlich wesentlich empfänglicher waren. Anna und Sibylle verstanden sich auf Anhieb. Wieder reagierte Adele Schopenhauer mit unverhohlener Eifersucht, diesmal vielleicht nicht ganz zu Unrecht: Eine Zeichnung, die Anna Jameson von Sibylle Mertens-Schaaffhausen angefertigt hat, lässt durchaus den Schluss zu, dass sich die beiden recht nahe gekommen sind: Die Porträtskizze zeigt Sibylle mit verschlafenem Gesichtsausdruck und langem wirrem Haar. Es sieht aus, als habe sie sich gerade im Bett aufgesetzt, ihre Schultern sind von einem Laken oder einer Decke umhüllt.

Doch was immer sich in diesem Sommer ereignet haben mag, es blieb Episode. Sibylle litt offenbar noch immer unter den Folgen der Gehirnerschütterung, die sie sich knapp drei Jahre vorher zugezogen hatte. Schlafstörungen und ständig wiederkehrende Migräneattacken machten ihr das Leben zur Qual. Die Ärzte empfahlen daher einen längeren Kuraufenthalt im sonnigen Süden. Sibylle hatte eigentlich gar keine rechte Lust auf Italien, doch Louis Mertens bestand darauf, dass seine Frau alles tat, um ihre angegriffene Gesundheit wiederherzustellen. Die sechs Kinder sollten schließlich eine gesunde Mutter haben.

So brach Sibylle Mertens-Schaaffhausen im Juni 1835 nach Genua auf, begleitet von ihren drei jüngsten Kindern. Hier bezog die Familie eine großzügige Villa in vornehmer Umgebung mit einem wunderbaren Blick auf das Meer. Es dauerte nicht lange, bis Sibylle Zutritt zur Genueser Gesellschaft bekam und so auch den Marchese di Negro kennen lernte, einen geistreichen Schriftsteller, der in seiner prachtvollen Villa schon Persönlichkeiten wie Lord Byron, George Sand und Madame de Staël empfangen hatte. Der 56-jährige Marchese, der schon bald so etwas wie der väterliche Freund der Kölnerin wurde, machte Sibylle mit seiner Tochter bekannt, der schönen Laurina Spinola. Laurina damals war 29 Jahre alt, Mutter von drei Söhnen und bereits seit 1829 verwitwet. Die erste Begegnung scheint noch recht zurückhaltend verlaufen zu sein, denn drei Jahre später notierte Sibylle Mertens-Schaaffhausen in ihr Tagebuch: *Wie wenig konnte ich an jenem Tag voraussehen, was mich zu Dir hinzog, dass Du mir so bald die Seele meines Lebens, der Puls meines Herzens werden solltest.*

Doch bald war Adele Schopenhauer vergessen, vergessen war auch Anna Jameson, endlich hatte Sibylle ihre große Liebe gefunden. Auch wenn die beiden Frauen aus Gründen der Schicklichkeit nicht unter einem Dach lebten, so waren sie doch von früh bis spät zusammen, lasen sich gegenseitig vor, lernten zusammen Spanisch und entdeckten ihre gemeinsame Leidenschaft für Altertümer. In Genua wurde Sibylle in einer Sammlung alter Fundstücke auf das Fragment eines Reliefs vom Mausoleum Halikarnassos aufmerksam, eines der sieben Weltwunder der Antike. Es handelt sich dabei um das Fries mit Kampfszene, das heute im British Museum in London zu bewundern ist.

Laurina schickte Sibylle fast jeden Morgen einen blühenden Zweig von der Rosenlaube vor ihrem Schlafzimmerfenster, und waren die beiden auch tagsüber getrennt, so schrieben sie einander kleine Billets, *nur um Dir zu sagen, dass ich Dich liebe.*

Keine Worte – Abschied von Genua

Überwältigt von Laurinas Zuneigung, *die edelste, umfassendste, innigste Liebe* fühlte sich Sibylle so glücklich wie nie zuvor in ihrem Leben. *Ach, wie wenige verstehen es zu lieben wie Du*, vertraute sie ihrem Tagebuch an, *selbstvergessen, hingebend, aufopfernd, ohne Eitelkeit, ohne Selbstsucht, ohne Herrschbegierde, ohne Anmaßung.* Dachte sie dabei an Adele Schopenhauer, deren Liebe stets etwas Besitzergreifendes gehabt hatte? Schon möglich. Was Sibylle bei Adele auch vermisst haben mochte, sie fand es bei Laurina, das *Glück der tiefen, innigen, unbegrenzten Ineinander-Verlebung. Ich wage zu behaupten, dass jenes gegenseitige klare und tiefe Durchdringen der Gedanken, Empfindungen und Ansichten ... Momente des Genusses gewährt, welche der höchsten Sinnenlust die Waagschale halten.*

An Ottilie von Goethe schrieb Sibylle später: *Kein Mensch auf dieser Erde hat mich mehr geliebt als Laurina und keiner hat mich so verstanden. Keiner! Wir haben dasselbe gedacht und bei gleichen Dingen das gleiche empfunden und wir verstanden einander fast ohne Rede.*

Sibylle hatte Ottilie von Goethe im Frühjahr 1834 kennen gelernt. Damals war sie zusammen mit Adele nach Frankfurt gereist, wo beide Frauen auf eine völlig aufgelöste Ottilie trafen. Die hatte nämlich soeben festgestellt, dass sie schwanger war, und wusste nicht, wie es mit ihr weitergehen sollte. Der mutmaßliche Vater war schon längst über alle Berge. Adele und Sibylle trösteten die verzweifelte Freundin, redeten ihr gut zu und empfahlen schließlich, das Baby fern von Weimar zur Welt zu bringen, um so den unvermeidlichen Klatsch und Tratsch zu vermeiden. Anschließend sollte das Kind in einer Pflegefamilie aufwachsen. Genauso ist es auch geschehen. Im Februar 1835 brachte Ottilie von Goethe in Wien eine außereheliche Tochter zur Welt, die unmittelbar nach der Geburt an Pflegeeltern übergeben wurde, aber schon im Juli 1836 starb.

Das war etwa die Zeit, in der Sibylle von Genua Abschied nehmen musste. Louis Mertens fand, dass ein einjähriger Kuraufenthalt seiner Gemahlin mehr als ausreichend war, und forderte sie zur Rückkehr auf. Sibylle hatte keine andere Wahl, denn in finanziellen Dingen war sie völlig von ihrem Mann abhängig. Sie verbrachte noch einen letzten Abend mit Laurina, schenkte ihr zum Abschied einen Ring und bekam von der Geliebten ein *schwarz emailliertes Medaillon, ihre Haare enthaltend, das ich auf meinem um sie blutenden Herzen trage.* Am 13. Juni 1836 musste sie ihren Genueser Freunden Lebewohl sagen: *Der letzte Händedruck, das letzte Wort – und es war vorbei. Und Laurina – doch hierüber keine Worte!*

Trauer und Schmerz – Laurinas früher Tod

Sibylle Mertens-Schaaffhausen kehrte zurück nach Bonn in die Wilhelmstraße, wo die Familie seit 1834 wohnte. Dass Adele Schopenhauer die Freundin äußerst kühl behandelte und wenig später zusammen mit ihrer Mutter nach Jena zog, berührte Sibylle nur wenig. Auch die langjährige Freundschaft mit Annette von Droste-Hülshoff zerbrach damals aus Gründen, die uns nicht näher bekannt sind. Alle Gedanken Sibylles kreisten nur noch um Laurina Spinola, die ihr sehnsuchtsvolle Briefe schrieb und sie inständig bat, nach Genua zurückzukommen. Auch Laurina litt unendlich. Um sich der Geliebten trotz der weiten Entfernung nahe zu fühlen, nahm sie abends Sibylles Taschentuch mit ins Bett und presste den Ring ans Herz, den diese ihr zum Abschied geschenkt hatte. In einem ihrer Briefe schrieb Laurina, sie vermisse Sibylles Duft, und bat die Freundin, ihr etwas zu schicken, was sie in Genua getragen habe. Ob Sibylle diesen Wunsch falsch verstanden hat? Mit einem Fläschchen Kölnisch Wasser und einer Haarsträhne gab sich Laurina jedenfalls nicht zufrieden. In ihrem nächsten Brief wurde sie daher deutlicher: Sie wünschte sich von Sibylle ein getragenes Unterhemd – das die ihr auch prompt auf dem Postweg schickte.

Noch immer hofften beide Frauen, sich eines Tages wiedersehen zu können, auch wenn Sibylle an Bonn gebunden war und Laurina ihre Heimatstadt Genua schon allein aus gesellschaftlichen Gründen nicht verlassen konnte. Doch all diese Hindernisse wären möglicherweise zu überwinden gewesen, wenn nicht ein unerbittliches Schicksal die beiden Liebenden getrennt hätte. Laurina Spinola war krank, ernsthaft krank, und ihr Zustand verschlechterte sich auf dramatische Weise. Seit März 1837 konnte sie das Bett nicht mehr verlassen, siechte dahin und starb am 1. März 1838 im Alter von erst 32 Jahren. Sibylle war untröstlich. Als sie die Nachricht von Laurinas Tod erhielt, soll sie drei Tage lang nur geweint haben: *Nimmer werden sie enden, meine Trauer um dich und mein Schmerz*, schrieb sie in ihr Tagebuch. Sybille sammelte alle Erinnerungsstücke um sich, die sie aus Genua mitgebracht hatte, einen Schachtisch, eine schwarze Vase, eine Reisetasche, die Laurina selbst bestickt hatte. Doch sie fand keinen Trost, im Gegenteil. Der Schmerz wurde nur noch größer. Zeitweilig dachte Sibylle sogar daran, freiwillig aus dem Leben zu scheiden, um wenigstens im Tod mit der Geliebten zusammen zu sein. Doch letztlich war es für die gläubige Katholikin ausgeschlossen, Selbstmord zu begehen. Was Sibylle als besonders qualvoll empfand, war die Tatsache, dass es niemandem gab, dem sie ihr Herz ausschütten konnte. Mit Adele Schopenhauer und Annette von Droste-Hülshoff hatte sie sich überworfen, und so blieb ihr nichts anderes übrig, als Kummer und Schmerz um ihre große Liebe dem Tagebuch anzuvertrauen: *Und doch dürfte ich dies nicht laut aussprechen ohne Gefahr zu laufen, für eine überspannte Schwärmerin gehalten zu werden. So armselig ist das Leben, so klein der Mensch.*

Kummervolle Jahre

Ein anderer Todesfall führte Sybille schließlich wieder mit Adele Schopenhauer zusammen. Nachdem Johanna Schopenhauer im April 1838 in Jena
verstorben war, suchte Adele erneut die Nähe zu ihrer alten Freundin. Die
erotischen Empfindungen mochten längst verloschen sein, doch die „Seelenverwandtschaft" schien nach wie vor Bestand zu haben. Es gab allerdings noch einen weiteren triftigen Grund: Auch Adele war schwer krank,
Ärzte hatten bei ihr ein Unterleibsleiden diagnostiziert, das Jahre später
auch zum Tode führte. In dieser für sie so schwierigen Situation brauchte
sie dringend einen Menschen an ihrer Seite, auf den sie sich verlassen
konnte.

Wenig später gab ein weiterer Todesfall Sibylles Leben eine erneute Wendung. Im August 1842 starb Louis Mertens und machte Sibylle mit 45 Jahren
zur Witwe. Ihre Trauer hielt sich verständlicherweise in Grenzen, ja, sie
mag vielleicht sogar erleichtert aufgeatmet haben, dass sie nun nicht mehr
an einen ungeliebten Ehemann gekettet war. Doch dafür waren es jetzt ihre
Kinder, die ihr das Leben schwer machten. Die Töchter und Söhne hatten es
der Mutter niemals verziehen, dass sie sie so oft im Stich gelassen hatte und
ihre Zeit lieber mit Adele Schopenhauer oder Anna Jameson verbrachte. Die
drei jüngsten, darunter die damals achtjährige Auguste, waren in Genua sogar zu Zeugen der Liebschaft ihrer Mutter mit Laurina Spinola geworden.
Sie alle hatten deshalb schon früh eine gewisse Distanz zu ihr entwickelt
und sich eng an den Vater angeschlossen. Nun wollten sie ihrer Mutter ganz
offensichtlich das heimzahlen, was in ihren Augen nichts anderes als Lieb-
losigkeit, Egoismus und unverzeihliche Peinlichkeit gewesen war. Die
Erbstreitigkeiten mit ihren Kindern zwangen Sibylle Mertens-Schaaffhausen dazu, sich nach und nach von all ihren Besitztümern zu trennen, die
Immobilien zu veräußern und selbst ihre Kunstschätze zu verkaufen. Ihre
Sammlungen sowie ihre umfassende Bibliothek wurden nach ihrem Tod
versteigert und heute ist alles, was die Rheingräfin einst mit großer Leidenschaft zusammengetragen hatte, in alle Winde zerstreut.

Doch der Tod von Louis Mertens gab Sibylle auch die Möglichkeit, noch
einmal nach Genua zu reisen, um sich endgültig von Laurina Spinola zu verabschieden. Ihr alter Freund, der Marchese di Negro, erlaubte ihr ganz

selbstverständlich, die verwaisten Wohnräume der Freundin zu durchstreifen und vor allem ihr Grab zu besuchen. Mit den Worten: *Oh, dass ich bei ihr ruhte, unter jenen Zypressen des Kapuzinerklosters* beendete sie ihr Tagebuch über Laurina und das wohl wichtigste Kapitel ihres Lebens.

Zurück in Bonn nahm Sibylle Mertens-Schaaffhausen die Wohngemeinschaft mit Adele Schopenhauer wieder auf und pflegte die kranke Freundin, bis diese am 25. August 1849 an ihrem schweren Leiden starb. Erst jetzt merkte Sibylle, wie viel sie doch mit Adele verbunden hatte: *Mein Schmerz ist nur um eines: Adeles Tod! Es ist wirklich ein Teil meines innersten Lebens abgerissen und ich bin nur ein Krüppel.* Adele Schopenhauer, die Sibylle zu ihrer Alleinerbin bestimmt hatte, fand auf dem Alten Bonner Friedhof ihre letzte Ruhestätte.

Sibylles letzte Lebensjahre waren von den leidigen Erbstreitigkeiten überschattet. Nachdem sie auch ihren letzten Wohnsitz, das Haus in der Bonner Wilhelmstraße, verkauft hatte, hielt sie nichts mehr in Deutschland. Mit dem letzten Geld, das sie noch besaß, zog Sibylle Mertens-Schaaffhausen 1856 nach Rom, wo sie am 22. Oktober 1857 auch gestorben ist. Ihr Grab auf dem Friedhof Campo santo teutonico erinnert noch heute an die ambitionierte Rheingräfin, die an den strengen Konventionen ihrer Zeit zwangsläufig scheitern musste.

Lieben muss ich, immer lieben ... –
Ludwig I. von Bayern, schöne Münchnerinnen
und eine falsche Spanierin

Er war der Schönheit des weiblichen Geschlechts einfach hoffnungslos verfallen, Bayerns König Ludwig I. Deshalb verziehen ihm sowohl
die Untertanen als auch seine Gemahlin Therese die vielen kleinen
„Seitensprünge" und außereheliche Affären. Das änderte sich erst,
als der 60-jährige Monarch ein Verhältnis mit einer jungen Frau begann, einer attraktiven Tänzerin, die vorgab, aus spanischem Adel zu
stammen: Lola Montez. Alle Warnungen seiner Berater, die Dame sei
eine Hochstaplerin mit zweifelhaftem Leumund, schlug Ludwig in
den Wind. So verlor er erst sein Herz, dann seine Krone.

*Lieben muss ich, immer lieben/Sei's auch meines Lebens Grab/Lieben werde ich
auch drüben/Sinkt zur Gruft das Herz hinab.* Diese Zeilen, die der kronprinz-
lich-bayerische Poet 1814 niederschrieb, waren tatsächlich so etwas wie Ludwigs Lebensmotto. Daran konnte auch die Ehe mit Prinzessin Therese von
Sachsen-Hildburghausen (1792–1854) nichts ändern, die am 10. Oktober 1810
in München geschlossen wurde. Die Braut sei zwar *keine Schönheit*, befand
der Dichter August von Platen, *klein von Gestalt, aber auch dabei sehr hübsch,
einnehmend und liebenswürdig.* Therese, treue Gemahlin und fürsorgliche
Mutter, die zwischen 1811 und 1828 neun Kinder zur Welt brachte, fügte sich
klaglos in ihr Schicksal. Immerhin hatte Ludwig sie vor der Hochzeit schrift-
lich vorgewarnt: *Glücklich werde ich mit Dir sein, liebe, liebe Therese. Doch wie
Trübe und Helle, wechselt Freude und Trauer im Leben. Seligkeit gibt es auf
Erden nicht, auch in der Ehe nicht, selbst in der glücklichsten ... Überspannte
Erwartung mindert sie mehr als die Wirklichkeit. Geliebte Therese, präge Dir
tief dies ein, es ist Wahrheit. Deiner Zukunft Glück hängt davon ab.*

Die Tänzerin Marie Dolores Gilbert, die sich Lola Montez nannte, auf einem Gemälde von Joseph Karl Stieler (1847):

In den ersten Jahren schien es in der Münchner Residenz zunächst tatsächlich so etwas wie ein häusliches Glück zu geben. Ludwig (1786–1868) mühte sich redlich, die Rolle des soliden Familienvaters zu erfüllen, der viel

Zeit mit Frau und Kindern verbrachte. Doch es fiel ihm zunehmend schwerer, seiner Therese treu zu bleiben. Der Geist mochte vielleicht willig sein, das Fleisch war jedoch schwach: *Zur Tugend will sich Seele schwingen/Zu der Sünd' hinab der Körper zieht/Beide miteinander rastlos ringen*, dichtete Ludwig zur seiner Entschuldigung.

Verwirrender Schwindel – Marchesa Marianna

Therese ließ ihrem Ludwig alle Freiheiten, die er brauchte und aus denen er auch kein Geheimnis machte. Wann immer der Kronprinz für eine hübsche junge Dame entflammt war, klärte er seine Gemahlin höchstpersönlich darüber auf, auch wenn er in der Regel betonte, dass diese Freundschaft „rein platonisch" sei. Doch Therese verstand ihn auch so und sie begriff rasch, dass solche Affären meist nur vorübergehender Natur waren. Damit konnte sie leben.

Dann aber begegnete Ludwig im Münchner Fasching 1821 der 18-jährigen Marianna Florenzi aus Perugia – und es war um ihn geschehen. Er fand es keineswegs hinderlich, dass die zauberhafte Marianna bereits mit einem Marchese aus Perugia verheiratet war. Schließlich konnte der Herr Gemahl großzügig entschädigt und mit reichen finanziellen Zuwendungen „ruhiggestellt" werden. Diese Liebesbeziehung war die längste und sicherlich intensivste in Ludwigs Leben, denn sie beruhte tatsächlich auf Gegenseitigkeit. Marianna war eine intelligente und gebildete junge Frau, die sich intensiv mit Literatur und Philosophie auseinandersetzte, die Werke verschiedener deutscher Philosophen ins Italienische übertrug und auch als Herausgeberin fungierte. Ludwig konnte seine Marianna aber leider nur unregelmäßig sehen, denn sie lebte nach wie vor zusammen mit dem Marchese auf dem Landgut Colombella bei Perugia. Doch wann immer es möglich war, reiste Ludwig zu ihr nach Italien. Etwa ein Jahr nach der ersten Begegnung brachte Marianna einen Sohn zur Welt, den sie Ludovico nannte. Auch wenn Marchese Ettore Florenzi offiziell als Vater des Kindes galt, so scheint es doch sicher zu sein, dass tatsächlich Ludwig der wahre Erzeuger war. Er übernahm die Patenschaft des Knaben und holte ihn später, nachdem er den Thron bestiegen hatte, zu sich nach München, um ihm dort eine angemessene Erziehung zukommen zu lassen.

War Ludwig von Marianna getrennt, dann schrieb er ihr sehnsuchtsvolle Briefe, Tausende sollen es in all den Jahren gewesen sein: *Sehe ich Dich lange an, ergreift mich verwirrender Schwindel. Das Ideale verträgt, ach! nicht des Sterblichen Blick!* Trotzdem verursachte die leidenschaftliche Beziehung über all die Jahre keinen Skandal – bis auf eine Ausnahme. Als Ludwig nach dem Tod seines Vaters Max Joseph 1825 König von Bayern geworden war, führte ihn sein erster Weg nicht zu den befreundeten Monarchen, wie es sich gehört hätte, sondern direkt nach Perugia, auf das Landgut der Familie Firenzi. Der österreichische Gesandte schrieb etwas pikiert über diesen Affront: *Cherchez la femme! Das entspricht der Stimmung des königlichen Herzens, das sich nach Schäferstündchen in der Villa einer italienischen Dame, Marchesa Florenzi, wenn ich nicht irre, sehnt.* Nur Königin Therese fand beschwichtigende Worte und entschuldigte Ludwigs unmögliches Verhalten mit der Begründung, er brauche ein wenig Entspannung und die fände er eben am besten im Umgang mit schönen Frauen. Wie gedemütigt sie tatsächlich war, ließ sich die kluge Therese nicht anmerken.

Die Schönheitsgalerie in der Münchner Residenz

Auch wenn Ludwig Marianna von Herzen liebte und bewunderte, so hatte die Marchesa deshalb noch lange kein Exklusivrecht als königliche Mätresse. Schöne Frauen gab es schließlich auch in München und Ludwig begegnete ihnen auf Schritt und Tritt. 1827 gab der König bei seinem Hofmaler Karl Stieler eine sogenannte „Schönheitsgalerie" in Auftrag, Porträts von lauter attraktiven jungen Damen. Die Bilder sollten die mit kunstvollen Fresken ausgestattete Münchner Residenz zusätzlich schmücken und gleichzeitig dem zeitgenössischen Ideal der Schönheit huldigen (heute in Schloss Nymphenburg). Insgesamt 36 Mal musste Stieler zu Pinsel und Farbpalette greifen, bevor die „landesherrliche Trophäensammlung" 1850 vollendet war. Natürlich durfte auch Marianna Florenzi in der Sammlung nicht fehlen, Stieler hat sie 1831 auf die Leinwand gebannt. Zu diesem Zeitpunkt war die leidenschaftliche Liebe des Königs aber schon in ein stilleres Fahrwasser geraten und Marianna eine gute Freundin geworden, mit der er auch weiterhin regelmäßig korrespondierte. Die enge Beziehung endete erst 1836, als die Marchesa nach dem Tod ihres Gemahl einen Engländer heiratete, der weit weniger Toleranz aufbrachte als der gute alte Ettore Florenzi.

Eröffnet wurde der Reigen der königlich-bayerischen Schönheiten 1827 mit dem Porträt von Auguste Strobl (1807–1871), der Tochter eines Münchner Buchhalters. Ludwig war bei den Sitzungen in Stielers Atelier stets mit von der Partie und genoss die gemeinsamen Stunden mit den hübschen jungen Damen. Wie weit dieser Genuss im Einzelnen ging, ist nicht immer ganz klar. Auf jeden Fall erfüllte der König dem Fräulein Auguste nach Fertigstellung des Porträts einen Herzenswunsch: Er beförderte ihren Verlobten, den Forstgehilfen Huber, in eine gehobene Position, sodass der künftig so viel verdiente, dass er Auguste heiraten konnte. Ludwigs Dankeschön für stundenlanges Stillsitzen im Atelier oder vielleicht doch für mehr? Wir wissen es nicht.

Bei Helene Sedelmeyer (1813–1898) blieb es jedenfalls nicht beim Stillsitzen. Ihre erste Begegnung mit Ludwig war noch gewissermaßen „dienstlich" gewesen. Als Botin eines Münchner Spielwarengeschäfts hatte Helene mitunter auch in der königlichen Residenz zu tun, um das bestellte Spielzeug für die königlichen Kinder abzuliefern. Um 1830 wurde sie hier von Ludwig „entdeckt" und gleichsam postwendend in Stielers Atelier geschickt. Wie stets, war der König auch diesmal bei allen Sitzungen dabei, doch nicht nur als passiver Zuschauer. Er bestimmte Helenes Haltung, ihren Gesichtsausdruck, kleidete sie in Altmünchner Tracht mit Riegelhaube, Mieder, silbernen Ketten und Halstuch – und kreierte so den Urtyp der „schönen Münchnerin".

Als Helene Sedelmeyer Stielers Atelier nach ihrer letzten Sitzung verließ, war die 17-Jährige bereits schwanger. Um das junge Mädchen nicht zu kompromittieren, sorgte Ludwig dafür, dass sie kurz vor der Geburt des Kindes noch schnell einen seiner Kammerdiener heiratete. So hatte wenigstens alles seine Ordnung. Helene wurde mit ihrem Ehemann tatsächlich glücklich und brachte noch acht weitere Kinder zur Welt. Ludwig aber musste sich künftig mit dem Anschauen von Helenes Porträt begnügen und der poetischen Verehrung der „schönen Münchnerin":

Bist nicht gemalt/Du bist es selbst/Du lebst/Die Augen liebeschwimmend seh'n mich an/Du neigest Dich zu mir/Du nahest, schwebest/Die Arme dehn ich aus/Dich zu umfahrn.

Spanierin vornehmer adliger Herkunft

Nun muss man der Gerechtigkeit halber zugeben, dass sich Ludwigs Schönheitssinn keineswegs auf das weibliche Geschlecht beschränkte. Das war nur eine Facette des monarchischen Bildungsprogramms, das auch die „schönen Künste", Malerei, Bildhauerei und vor allem die Architektur, mit einbezog. Ludwig verschönerte auch das Stadtbild Münchens durch den Bau der Ludwigstraße, der Anlage des Königsplatzes und der Errichtung der Glyptothek, dem ersten klassizistischen Bau, in dem noch heute griechische und römische Skulpturen gezeigt werden. Während seiner Regierungszeit wurde München zu einer glanzvollen Kunstmetropole und, nachdem der König 1826 die Universität von Landshut an die Isar geholt hatte, auch Hochburg der deutschen Wissenschaft.

Als Ludwig am 25. August 1846 seinen 60. Geburtstag feierte, musste er jedoch betrübt feststellen, dass er allmählich alt wurde. Außer der treuen Therese gab es momentan keine weitere Frau an seiner Seite, was den König dazu bewog, nun endlich auch der Gemahlin ein paar liebevolle Zeilen zu widmen: *Mich drängt's, nach Dir die Arme auszubreiten/Geliebtes Weib. Dich glühend zu umfangen/Beseligt an Deinem Mund zu hangen/Um niemals von demselben mehr zu scheiden.* Doch Papier ist bekanntlich geduldig, und nur wenige Wochen später dachte Ludwig nicht mehr im Traum daran, Therese „glühend zu umfangen".

Am 6. Oktober 1846 rollte eine Kutsche vor dem Hotel *Bayerischer Hof* vor, und ihr entstieg eine ausgesprochen attraktive Dame mit strahlend blauen Augen, dunkelhaarig, gekleidet in schwarzen Samt, umgeben von einer geheimnisvollen Aura. Nachdem sie sich an der Hotelrezeption unter dem Namen Lola Montez eingetragen hatte, machte sie sich auf den Weg zum Münchner Hoftheater, um sich für ein Engagement als Tänzerin zu bewerben. Der Intendanz war Lola Montez keine Unbekannte, ihren Namen hatte man schon mehrfach in den Gazetten gelesen. Zwischen 1842 und 1846 hatte Lola, eine „Spanierin vornehmer adliger Herkunft" auf verschiedenen europäischen Bühnen getanzt, hatte Gastspiele in London, Paris, Warschau, St. Petersburg, Berlin, Dresden und anderen Städten gegeben. Aufsehen erregte sie aber weniger wegen ihrer künstlerischen Darbietung, sondern vor allem durch zahlreiche Männergeschichten, allerlei Extravaganzen und ihre typische Launenhaftigkeit. Mehrfach hatte man sie wegen ihres Aufsehen erregenden Verhaltens der Stadt verwiesen. Um nun keinen weiteren Skandal heraufzubeschwören, lehnte der Intendant des bayerischen Staatstheaters den Auftritt der Señora Montez kurzerhand ab.

Doch dann geriet eine Kopie des abschlägigen Bescheids in die Hände des Königs, dem das Theater mit seinen hübschen Tänzerinnen und Schauspielerinnen natürlich ganz besonders am Herzen lag. Ludwig, der Spanien liebte und auch die Landessprache recht gut beherrschte, war neugierig geworden. Warum hatte man Lola Montez das Engagement verweigert? Übler Leumund, Temperamentsausbrüche, Affären mit zahlreichen Männern, unter anderem dem Komponisten Franz Liszt sowie mit Alexandre Dumas, Vater und Sohn? Ludwigs Neugier war geweckt. Von dieser interessanten Dame wollte er unbedingt mehr erfahren und gewährte Lola Montez daher für den nächsten Tag eine Audienz.

Jung bin ich wieder geworden – Ludwig und Lola

Lola Montez erschien am 7. Oktober 1846 pünktlich in Ludwigs Audienzzimmer. Der König begrüßte sie freundlich in nahezu perfektem Spanisch und schon bald entwickelte sich zwischen beiden ein intensives Gespräch über Kunst und Literatur, alles in spanischer Sprache. Offenbar gelang es Lola mit Leichtigkeit, Ludwig charmant um den Finger zu wickeln und doch noch das zu bekommen, was sie wollte. Mit Erfolg. Nach der Unterredung befahl Ludwig dem Intendanten seines Hoftheaters: *Noch heute ist ihr die Antwort zu eröffnen, mit der Bemerkung, dass ich mich darauf freue, sie tanzen zu sehen.*

Der düpierte Intendant musste sich fügen. Nur zwei Tage später stand Lola im dem Stück „Der verwunschene Prinz" auf der Bühne, und zwar nicht, wie allgemein üblich, im duftigen Ballettröckchen, sondern in schwarzer spanischer Seidentracht. Unerhört! Als die Musik einsetzte, begann sie sich langsam und rhythmisch zu dem sich steigernden Tempo der Klänge zu bewegen und verwirrte die Zuschauer nicht unerheblich. Ludwig, der selbstverständlich auch im Publikum saß, war jedoch hellauf begeistert. Lola Montez, welch eine wunderbare Frau und Tänzerin! Noch am gleichen Tag bat er sie, Stieler für die „Schönheitsgalerie" Modell zu sitzen.

Es kam, wie es kommen musste: Ludwigs altes Herz brannte plötzlich wieder lichterloh, er hatte sich bis über beide Ohren in Lola verliebt. In einem Brief an einen Vertrauten gestand er freimütig: *Und ich kann mich mit dem Vesuv vergleichen, der für erloschen galt, bis er plötzlich wieder ausbrach ... Ich glaubte, ich könne nicht mehr der Liebe Leidenschaft fühlen, hielt mein Herz für ausgebrannt ... Aber nicht wie ein Mann von vierzig Jahren, wie ein Jüngling von zwanzig, ja,* comme un amoureux de quinze *ans fasste mich die Leidenschaft wie nie zuvor ... Meine Gedanken wurden reiner, ich wurde besser. Einen neuen Schwung hat mein Leben genommen, jung bin ich wieder geworden, freudig sieht mich die Welt an.*

Ludwigs neue Affäre blieb natürlich nicht geheim. Während der alternde König sein neues Glück genoss, zerriss sich die Münchner Gesellschaft das Maul über die neue Frau an seiner Seite. Wer war Lola Montez? Die Dame war nämlich ohne Ausweispapiere nach München gekommen und hatte sich somit verdächtig gemacht. Die Gerüchte über ihre skandalöse Vergangenheit taten ein Übriges. Da half es ihr auch nicht, dass sie inständig beteuerte, eine spanische Adlige zu sein, die 1823 in Sevilla das Licht der Welt erblickt hatte und *infolge unglücklicher Familienverhältnisse* gezwungen war, *beim Theater mein Fortkommen zu suchen.*

Kam Ludwig das nicht spanisch vor?

In seinem emotionalen Überschwang scheint Ludwig überhaupt nicht bemerkt zu haben, dass Lola Montez ein ausgesprochen fehlerhaftes Spanisch mit ihm sprach. Anhand des ausführlichen Briefwechsels, den die beiden jahrelang miteinander führten, wird deutlich, dass Ludwig über viel bessere Spanischkenntnisse verfügte als Lola. Wurde er überhaupt nicht misstrauisch? Kam ihm das Ganze nicht „spanisch" vor? Offenbar nicht. Der Grund könnte in der Tatsache liegen, dass er die Sprache zwar gelernt, aber vermutlich kaum gesprochen hatte. Mit wem auch? In ganz München gab es damals vielleicht ein halbes Dutzend Personen, die des Spanischen mächtig waren. So fehlte Ludwig einfach das richtige „Ohr" für die Sprache, das er nur im Land selbst oder in der Unterhaltung mit Muttersprachlern hätte entwickeln können. Deshalb merkte er nichts – oder wollte vielleicht auch nichts merken.

Ludwig I. von Bayern, schöne Münchnerinnen ... 151

Dabei war der Geheimdienst der wahren Herkunft der Dame, die sich „Lola Montez" nannte, schon längst auf die Spur gekommen.

Tatsächlich war „Lola" um 1820 als Eliza Gilbert in Irland zur Welt gekommen, Tochter einer Putzmacherin und eines Offiziers, der wenig später nach Indien versetzt wurde und sich mit seiner kleinen Familie dort niederließ. Lola – bleiben wir der Einfachheit halber bei diesem Namen – hat ihren Vater nie richtig kennen gelernt, denn Mr. Gilbert starb bereits an den Folgen der Malaria, als sie noch ein kleines Mädchen war. Während die jugendliche Mutter rasch einen neuen Mann an ihrer Seite hatte und weiterhin in Indien lebte, wurde die kleine Tochter zur Ausbildung nach England geschickt und wuchs in einem Internat in Bath auf. Erst 1837 sahen sich die beiden wieder. Die Mutter, soeben von einer längeren Reise mit ihrem jungen Liebhaber zurückgekehrt, kam mit einer überraschenden Nachricht nach Bath: Sie hatte für Lola einen „passenden Ehemann" gefunden, durch den sie bis an ihr Lebensende finanziell abgesichert sein würde. Der einzige Haken an der Sache: Der Heiratskandidat, der es im kolonialen Indien zu großem Reichtum gebracht hatte, war bereits 60 Jahre alt und kam für die 17-Jährige daher überhaupt nicht infrage. Ohnehin hatte sich Lola längst in den gut aussehenden Begleiter ihrer Mutter verliebt, den damals 29-jährigen Thomas James, der auch seinerseits großes Interesse an dem jungen Mädchen zeigte. In einer Nacht- und Nebelaktion flohen die beiden nach Irland und heirateten dort am 23. Juli 1837. Ein Jahr später folgte Lola ihrem Ehemann nach Indien, wohin man Captain James inzwischen versetzt hatte. Doch das gemeinsame Leben scheint Lola schon bald gelangweilt zu haben. Viel mehr als ihren Gatten liebte sie die Vergnügungen der Kolonialgesellschaft, die Bälle und Salons, die Ausflüge und Jagden. Nachdem die Ehe endgültig gescheitert war, kehrte Lola 1841 zurück nach England und beschloss, ihr Glück künftig als „spanische Tänzerin" zu probieren. Von irgendetwas musste sie ja schließlich leben.

Nicht umsonst hatte Lola Montez eine neue Identität als Spanierin gewählt. In den 1830er- und 1840er-Jahren begeisterte sich das ganze gebildete England für die Kultur der Iberischen Halbinsel und insbesondere für die *Cachucha*. Dabei handelt es sich um einen spanischen Tanz, vergleichbar mit dem Bolero, der üblicherweise vom rhythmischen Schlagen der Kastagnetten und dem Stampfen der Absätze begleitet wurde. Die *Cachucha* war damals der beliebteste Bühnentanz in ganz Europa.

Lola, die schon in Indien ihr tänzerisches Talent demonstriert hatte, übte fleißig und ging sogar für eine gewisse Zeit nach Spanien, um dort ihre Tanzkünste zu perfektionieren und zumindest rudimentäre Sprachkenntnisse zu erwerben. Zurück in England nannte sie sich Lola Montez und gab sich als spanische Adlige aus. Rein äußerlich gesehen schien nichts gegen ihre südeuropäische Herkunft zu sprechen, und dass sie ihre angebliche Muttersprache nur unzulänglich beherrschte, fiel erst recht keinem auf. Die jungen Herren lagen der schönen Lola zu Füßen, bald konnte sie sich kaum noch vor Verehrern retten, die nur vordergründig ihre Tanzkunst bewunderten. So fand Lola problemlos Zugang zu der allerbesten Gesellschaft Londons und ihre Karriere, unterstützt von zahlreichen wohlhabenden Gönnern, schien kaum noch aufzuhalten.

Doch dann gelang es ein paar „investigativen Journalisten", der wahren Identität der „spanischen Tänzerin" auf die Spur zu kommen und darüber in ihren Zeitungen zu berichten. Lola beschloss daraufhin, die Flucht nach vorn anzutreten und ihren Lebenslauf in der *Morning Post* vom 12. Juni 1843 erstmals offiziell zu fälschen: *Ich stamme aus Sevilla und wurde im Jahr 1833, als ich zehn Jahre alt war, zu einer katholischen Lady nach Bath geschickt, wo ich sieben Monate blieb und dann zu meinen Eltern nach Spanien zurückgeschickt wurde. Seit dieser Zeit bis zum letzten 14. April, als ich in England ankam, habe ich nie einen Fuß in dieses Land gesetzt und habe London noch nie zuvor in meinem Leben gesehen.*

Weil ihr in England der Boden aber zu heiß wurde, versuchte Lola Montez ihr Glück auf dem Kontinent, zunächst auf Einladung des Fürsten Reuß im kleinen Städtchen Ebersdorf im Thüringer Wald. Doch schon hier fiel Lola durch Launenhaftigkeit und schlechtes Benehmen auf. Sie stolzierte Zigaretten rauchend durch die Straßen, flanierte durch den Stadtpark und köpfte, wenn ihr danach war, die sorgfältig gepflanzten Blumen mit ihrer Reitpeitsche. Es dauerte nicht lange und Fürst Reuß ließ die skandalöse Tänzerin aus seiner Residenzstadt ausweisen. Es folgten die bereits erwähnten Aufenthalte in verschiedenen europäischen Städten, die alle mehr oder weniger mit einem größeren Eklat zu Ende gingen. So kam Lola Montez im Oktober 1846 schließlich nach München.

Wie ich Dich mit meinem ganzen Herzen liebe

Niemand konnte sich erklären, weshalb der König wegen der „falschen Spanierin" so „lichterloh brannte". Die Bayern hielten sie mehr oder weniger für eine dämonische Verführerin, auch wenn sich die Herren wohl oder übel eingestehen mussten, dass der geheimnisvolle Nimbus, der die schöne Lola umgab, sie ausgesprochen begehrenswert machte. Und Ludwig widmete der Dame seines Herzens verliebte Verse, in denen er jedoch eine ganz andere Lola Montez zu beschreiben schien:

An meine leidenschaftlich geliebte Lolita:
Nicht den Geliebten kannst Du betrüben/Dir fremd sind die
Launen/treibst mit dem Liebenden kein quälendes grausames
Spiel/Selbstsucht kennst Du nicht, hingebendes zärtliches Wesen/Gut
ist Dein liebendes Herz, treu Dein wahrhaft Gemüt/Glücklich wirst Du
den seh'n, der Dich liebt/Dann bist Du es selbsten.

Und Lola? Was empfand sie für Ludwig, den 60-jährigen schwerhörigen Bayernkönig? Handelte sie nur aus Berechnung und um des finanziellen Vorteils willen? Wollte sie die lange Reihe ihrer Männerbeziehungen mit einem leibhaftigen Monarchen krönen? In ihren Memoiren gibt sie selbst keine Auskunft darüber, sodass man über die wahren Motive nur spekulieren kann. Eines scheint jedoch festzustehen: Sie hat den alten Ludwig offenbar wirklich gemocht und auch in späteren Jahren nie ein böses Wort über ihn verloren.

Lolas Engagement in München war nur von kurzer Dauer. Nach lediglich zwei Auftritten wurde der „Verwunschene Prinz" vom Spielplan abgesetzt. Trotzdem blieb die königliche Mätresse im Fokus des allgemeinen Interesses, zumal Ludwig keineswegs daran dachte, die Affäre diskret zu verhandeln. Nur wenige Wochen nachdem er sie kennen gelernt hatte, ließ er seiner Geliebten eine regelmäßige finanzielle Unterstützung zukommen und kaufte er ihr im Sommer 1847 sogar ein Haus in der Barerstraße. Hierhin spazierte er regelmäßig am helllichten Tag, um Lola zu besuchen. So wenig Diskretion empörte die Untertanen, sie hatten Mitleid mit der armen Königin Therese, der stillen Dulderin. Lola machte derweil dem schlechten Ruf, der ihr vorausgeeilt war, alle Ehre, ließ ihre Launen auch in München aus, ohrfeigte einen Tierarzt, der ihren Hund angeblich nicht korrekt behandelt hatte, traktierte Dienstboten mit der Peitsche, wenn sie ihre Wünsche nicht schnell genug erfüllten. Im Volk brodelte der Hass gegen die königliche Mätresse, Ludwigs Berater warnten den Verliebten, er solle sich schleunigst aus der unmöglichen Verstickung lösen, doch solche gut gemeinten Ratschläge stießen beim König auf taube Ohren: *Je mehr feindselig gegen sie verfahren wird, desto fester kettet's mich an sie.*

In seinen Briefen an Lola gewährt uns Ludwig einige sehr intime Einblicke: So schrieb er ihr am 8. August 1847: *Ich habe Deinen Brief nochmals gelesen und bei Deinen letzten Worten* wie ich Dich mit meinem ganzen Herzen liebe *habe ich ihn geküsst und nochmals geküsst. Die ganze Welt hat nicht die Macht, mich von Dir zu trennen ... Trage das Flanellstück auf beiden Stellen und schicke es mir dann.*

Von diesem ominösen Flanellstück ist auch in anderen Briefen die Rede. So heißt es auch am 29. August 1847: *Übermorgen wird man Dir das rosarote Buch und das Flanellstück schicken, das ich den 26. den ganzen Tag auf meiner Brust getragen habe.* Desgleichen am 23. September 1847: *Ich habe das Flanellstück umgedreht, um sicher zu sein, dass auf der einen oder anderen Seite das Stück von Dir getragen wurde, meine geliebte Lolita.*

Aus Lola wird Gräfin Landsfeld

Dass die Öffentlichkeit so voller Hass auf die vermeintliche „spanische Tänzerin" reagierte, konnte Ludwig nicht nachvollziehen. Lag die Abneigung vielleicht in dem Standesunterschied begründet, der die beiden trennte? So verfiel er auf die Idee, Lola Montez kurzerhand zur Gräfin zu erheben. Dazu musste sie zunächst einmal bayerische Staatsbürgerin werden. Das war freilich nicht ganz so einfach. Obwohl der König bei der Verleihung des Bürger- und Adelsrechts theoretisch freie Hand hatte, musste er doch zuvor die Meinung des Staatsrats anhören. Hier wurde die Sache am 3. Februar 1847 eingehend erörtert, dann aber wegen fehlender Ausweispapiere der Dame abschlägig beschieden. Das wollte Ludwig natürlich keineswegs hinnehmen: *In Bayern besteht das monarchische Prinzip*, schrieb er verärgert am 10. Februar 1847. *Der König befiehlt und die Minister gehorchen. Glaubt einer, es sei gegen sein Gewissen, so gibt er das Portefeuille zurück und hört auf,*

Minister zu sein. Der König lässt sich nicht von Ministern vorschreiben, was er zu tun und zu lassen hat. Das waren klare Worte eines Monarchen, der noch ganz vom mittelalterlichen Gottesgnadentum seines Amts durchdrungen war und in seinen Ministern nichts weiter als gehorsame Diener sah. Dementsprechend setzte sich Ludwig ohne Umschweife über das Veto des Staatsrats hinweg. Jetzt sollte der Außenminister für den Vollzug der Einbürgerung sorgen, doch auch Graf von Bray-Sternburg verweigerte die Unterschrift und trat – wie die anderen Minister – von seinem Amt zurück. So war Ludwigs persönliches Anliegen unverhofft zu einer politisch hochbrisanten Angelegenheit geworden, mit weitreichenden Folgen. Der König sah sich gezwungen, ein neues, liberales Kabinett zusammenzustellen, das von der Öffentlichkeit hoffnungsvoll als „Ministerium der Morgenröte" bezeichnet wurde. Damit hatte die Einbürgerungsgeschichte unbeabsichtigt zu einem politischen Richtungswechsel geführt, der sich ganz klar gegen Ludwigs selbstherrlichen Regierungsstil richtete. Was das bedeutete, hat der König offenbar nicht begriffen, denn er beharrte auch weiterhin stur auf der Einbürgerung und Standeserhöhung der Lola Montez. Im Sommer 1847 wies er die Regierung an: *Der Señora Lola Montez ist der gräfliche Stand zu verleihen. Ich wünsche dabei keinerlei Einwände zu hören, denn ich habe ein königliches Versprechen zu erfüllen.* Und seiner Geliebten teilte er am 4. August 1847 mit: *Ma mucha querida Lolita, Du hast mich immer begleitet, ich habe immer an Dich gedacht, Du bist die Sonne meines Lebens, von Dir hängt das Glück oder Unglück meines Lebens ab ... Ich habe heute den Befehl an Maurer[7] geschrieben, dass man deine Ernennung zur Gräfin verfügt, sie soll am Tag meines Geburtstags stattfinden können.* Und am 21. August heißt es: *Für mich wirst Du immer meine Lolita sein. An meinem Geburtstag mache ich mir selbst das Geschenk, Dir die Gräfinnen-Würde zu verleihen. Ich wünsche, dass das eine gute Wirkung auf Deine soziale Stellung hat, auch wenn das keine Änderung in der Regierung bewirkt. Lolita kann keinen König lieben, wenn er sich nicht selbst regiert, und Dein Ludwig will von seiner Lolita geliebt werden ... Dein Herz muss immer meines sein, alles für immer für Deinen treuen Luis.*

So ging Ludwig tatsächlich mit dem Kopf durch die Wand. An seinem

---

[7] Georg Ludwig von Maurer, bayerischer Staatsrat.

61. Geburtstag wurde aus Lola Montez, der falschen Spanierin, *wegen der vielen, den Armen Bayerns gezeigten Wohltaten* eine Gräfin von Landsfeld. Damit aber hatte Ludwig den Bogen endgültig überspannt. Das Volk murrte und mochte sich mit dem selbstherrlichen Handeln seines Königs nicht länger abfinden. Ein „Flugblatt-Vaterunser" machte die Runde: *Lola Montez, leider Gottes noch die Unsere, die Du lebst bald in, bald um München, bald in China, bald in Sendling, du Teufel ohne Hörner und Schweif, aber sonst mit allen Teufelskünsten und Attributen ... verwünscht sie dein Name, dein Wille geschehe; friss und schweig und vergib uns unsere Schuld, wenn wir dich nicht genug noch durchgewalkt haben und verachten. Komm und lass dich massakrieren ... auf dass wir erlöst sind von dir und der Pest und allen daran hängenden Übeln. Amen*

Als wenige Monate später in Paris die Februarrevolution ausbrach, die die Absetzung des Bürgerkönigs Louis Philippe zur Folge hatte, breitete sich der revolutionäre Eifer auch bis an die Isar aus. Studenten rebellierten, wütende Bürger zogen vor die Residenz und verlangten eindringlich, die „bayerische Pompadour" solle das Land schleunigst verlassen. Ludwig blieb keine andere Wahl. Am 11. Februar 1848 gab er dem Druck der Öffentlichkeit nach und befahl, Lola Montez aus München auszuweisen. Seitdem hat er seine geliebte Lolita nicht mehr wiedergesehen.

Ludwigs Abdankung

Eigentlich hätten sich die Wogen nun wieder glätten können, doch nun brach sich die ganze politische Unzufriedenheit der Bevölkerung Bahn. Als dann auch noch das Gerücht aufkam, Lola Montez sei heimlich nach München zurückgekehrt, wurde der Druck auf Ludwig immer größer. Widerwillig beugte er sich dem Volkswillen – und dem seiner Minister – und gab am 16. März 1848 Lolas endgültige Ausbürgerung bekannt. Vier Tage später legte er die Krone nieder und überließ den bayerischen Thron seinem ältesten Sohn Maximilian II.: *Regieren konnte ich nicht mehr*, erklärte er öffentlich, *und einen Unterschreiber abgeben wolle ich nicht. Nicht Sklave zu werden wurde ich Freiherr.*

Lola Montez war unterdessen über Lindau am Bodensee in die Schweiz geflohen, wo sie sich für mehrere Monate niederließ, auch weiterhin großzügig von Ludwig unterstützt, wie der noch erhaltene Briefwechsel beweist. 1849 kehrte die „spanische Tänzerin" zurück nach London und ging ein Jahr später mit der Theaterrevue „Lola Montez in Bavaria" auf Tournee durch die Vereinigten Staaten, wo sie jetzt auch ihren Wohnsitz nahm. Die langjährige Korrespondenz mit Ludwig brach 1851 ab, als Lola Montez ein weiteres Mal heiratete. Im Mai schrieb 1851 der frühere König nicht ohne Verbitterung in Gedenken an seine Lolita:

Die Krone habe ich durch Dich verloren,
Ich grollte Dir darum doch nicht,
die Du zu meinem Unglück bist geboren,
Du warst ein ganz verblendend, sengend Licht.
Du stießest treulos ihn von Dir,
Verschlossen waren Dir des Glückes Pforten,
Bloß folgend Deiner lüsternen Begier.

Lola Montez hat ihr Lebensglück niemals gefunden. Sie war noch keine 40 Jahre alt, als ein schwerer Schlaganfall sie weitgehend bewegungsunfähig machte. Die „spanische Tänzerin" starb am 17. Januar 1861 in New York, vermutlich an den Folgen einer Lungenentzündung.

Ludwig überlebte seine frühere Geliebte um sieben Jahre. Nach seiner Abdankung führte er ein privilegiertes Leben als Privatier und widmete sich hauptsächlich der Kunst und Architektur. Er konnte sogar seine Bauten vollenden, darunter die Kirche St. Bonifaz in München, wo er später einmal begraben werden wollte. Politischen Einfluss hatte Ludwig aber keinen mehr. Der Tod ereilte den ehemaligen König während eines Aufenthalts in Nizza am 29. Februar 1868. Zu diesem Zeitpunkt war Maximilian II., sein königlicher Sohn, schon seit vier Jahren tot und Bayerns Schicksal lag in den Händen des jungen „Märchenkönigs" Ludwig II. Doch das ist eine ganz andere Geschichte ...

Erst der Hofknicks – und dann ab ins Bett – Eduard VII. und die schönen Damen der englischen High Society

Ist heute vom Viktorianischen Zeitalter die Rede, dann denken wohl die meisten an Begriffe wie Ruhe und Ordnung, Sitte und Anstand. Schließlich führten Queen Victoria und Prinzgemahl Albert ein geradezu vorbildliches Ehe- und Familienleben, völlig frei von Skandalen. Doch hinter den höfischen Kulissen sah das etwas anders aus. Die englische High Society war nicht nur ausgesprochen vergnügungssüchtig, viele Lords und Ladys nahmen es auch mit der ehelichen Treue nicht so genau. „Trendsetter" dieser lockeren Sitten war kein Geringerer als Thronfolger „Bertie", der spätere König Eduard VII., dem die Damenwelt regelrecht zu Füßen lag.

It's a boy! Die Eltern, Königin Victoria (1819–1901) und Prinzgemahl Albert aus dem Hause Sachsen-Coburg-Gotha (1819–1861), waren über die Geburt des strammen Sohnes überaus glücklich. Weil ihr erstes Kind, die 1840 geborene Vicky, zur allgemeinen Enttäuschung bloß ein Mädchen gewesen war, hatte die Queen damals selbst ihre Umgebung getröstet: „Macht euch nichts daraus. Das nächste wird ein Prinz." Sie hatte Wort gehalten. Schon am 9. November 1841 erblickte der ersehnte männliche Thronfolger das Licht der Welt und wurde auf den Namen Albert Eduard getauft. Besonders die Königin hoffte, der kleine „Bertie", wie er in der Familie genannt wurde, würde nach seinem Vater kommen und einmal genauso klug, ernsthaft, fleißig und gebildet sein wie ihr geliebter Ehemann, ihr „Engel Albert".

Leider erfüllten sich diese Hoffnungen nicht. Im Gegensatz zu seiner „großen" Schwester Vicky fiel dem kleinen Prinzen das Lernen reichlich schwer und daran konnten auch die strengen väterlichen Erziehungs-

Eduard VII. noch als Prince of Wales mit seiner Gemahlin Alexandra, geborene Prinzessin von Dänemark (undatierte Photographie, um 1865).

methoden nichts ändern. Doch je älter Bertie wurde, desto deutlicher entwickelten sich andere, ebenso positive Eigenschaften wie sein unwiderstehlicher Charme oder ein beachtliches diplomatisches Fingerspitzengefühl, das den lebenslustigen Prinzen zu einem wunderbaren Botschafter seines Landes machen konnte. Victoria und Albert wussten diese Pluspunkte jedoch kaum zu schätzen. Sie nörgelten weiter an ihrem Sohn herum, beanstandeten vor allem seinen „guten Draht" zum weiblichen Geschlecht und machten sich daher schon früh auf die Suche nach einer geeigneten Braut für Bertie. Sie sollte den 19-jährigen Prinzen, der inzwischen in Cambridge studierte, endlich zur Raison bringen!

Berties erster Fehltritt

Die Suche nach einer altersmäßig passenden protestantischen Prinzessin endete schon bald in Dänemark. Hier lebte nämlich die bildhübsche Alexandra (1844–1925), eine Tochter des späteren Königs Christian IX. und seiner Gemahlin Louise von Hessen-Kassel. Wie in solchen Fällen üblich wurde zunächst ein „zufälliges Treffen" der beiden jungen Leute arrangiert, natürlich auf neutralem Boden, in Speyer und Heidelberg. Die Begegnung erzielte tatsächlich das gewünschte Ergebnis, denn Alexandra und Bertie fanden sich gegenseitig recht sympathisch: *Das junge Paar scheint herzliche Zuneigung zueinander gefasst zu haben*, schrieb Vater Albert zufrieden an die inzwischen in Berlin lebende Vicky, die seit 1858 mit Prinz Friedrich Wilhelm von Preußen verheiratet war. Damit war die Verlobung von Alexandra und Bertie bereits ausgemachte Sache und die Höfe von London und Kopenhagen konnten schon langsam mit den Hochzeitsvorbereitungen beginnen. Die Queen aber blieb skeptisch, zumindest was Bertie betraf, denn sie schrieb in ihr Tagebuch: *Möge er sich eines solchen Juwels als würdig erweisen.*

Bertie nahm nun sein streng geregeltes und überwachtes Studentenleben wieder auf, bis er im Herbst 1861 zu einer militärischen Übung nach Irland abkommandiert wurde. Hier traf er etliche junge Offizierskameraden wieder, mit denen sich „Prince charming" prächtig verstand. Um Bertie eine Freude zu machen, hatten sich die jungen Herren eine ganz besondere Überraschung ausgedacht. Als der Thronfolger eines Abends zu Bett gehen

wollte, lag zwischen den Kissen eine ebenso attraktive wie spärlich bekleidete junge Dame in aufreizender Pose. Ihr Name war Nellie Clifden, von Be-
ruf „Schauspielerin", wie ihre wahre Profession etwas verschämt umschrie-
ben wurde. Die Überraschung war nun wirklich gelungen und trug ganz
erheblich dazu bei, dass Bertie den Aufenthalt in Irland mit seinem wohl
ersten Liebesabenteuer in angenehmster Erinnerung behielt.

Es hätte so schön sein können, wäre die pikante Geschichte nicht den
Eltern des Prinzen von Wales zu Ohren gekommen. Anfang November 1861
erfuhren Victoria und Albert, was sich ihr Bertie wieder einmal geleistet
hatte, und waren über das unmoralische Verhalten ihres Sohnes zutiefst er-
schüttert. Den strengen Vater bedrückte die Angst, die irische Affäre könne
womöglich an die Öffentlichkeit kommen und die Verlobung mit Alexandra
von Dänemark ernsthaft gefährden. Damit wäre der Ruf des künftigen
Königs wohl endgültig ruiniert. Und, noch schlimmer: Was wäre, wenn die
Liaison nicht ohne Folgen geblieben und Miss Clifden womöglich schwanger war? Nicht auszudenken! Vor lauter Aufregung konnte Albert nicht
mehr schlafen. In seiner Verzweiflung setzte er sich an den Schreibtisch
und schrieb an seinen Sohn, der mittlerweile wieder zurück in Cambridge
war: *Ich schreibe Dir mit schwerem Herzen wegen einer Sache, die mir die
schlimmsten Schmerzen meines Lebens verursacht hat. Ich muss meinen
Sohn, den ich zwanzig Jahre lang liebevoll in der Hoffnung erzogen habe,
einen Prinzen und eine Zierde für eine große, starke und religiöse Nation aus
ihm zu machen, als jemanden ansprechen, der in Sünde und Wolllust ver-
sunken ist.*

Doch konnte ein Brief allein Bertie dazu bewegen, den Pfad der Tugend
einzuschlagen? Albert, wenngleich von angeschlagener Gesundheit, beschloss daher, lieber persönlich nach Cambridge zu fahren und den Prinzen
ins Gebet zu nehmen. Es galt keine Zeit zu verlieren, zumal Nellie Clifden
inzwischen schon in aller Öffentlichkeit über die Affäre plauderte und sich
bereits augenzwinkernd als die künftige Prinzessin von Wales bezeichnete.

In Cambridge angekommen bat Albert seinen Sohn, ihn auf einen ausgedehnten Spaziergang zu begleiten. Bertie war einverstanden, obwohl es in
Strömen regnete. Auf die väterliche Standpauke reagierte er ausgesprochen
zerknirscht, zeigte ehrliche Reue und gelobte künftige Besserung. Albert,
der daraufhin befriedigt nach Windsor zurückfuhr, ahnte nicht, dass der
Regenspaziergang fatale Folgen haben würde, nicht für Bertie, sondern für

ihn selbst. Kaum angekommen, musste sich der Prinzgemahl mit Fieber und Schüttelfrost zu Bett legen. Die Ärzte waren ratlos, und der Zustand des Patienten verschlechterte sich von Tag zu Tag. Albert starb am 14. Dezember 1861 im Alter von nur 41 Jahren. Die eigentliche Todesursache ist nach wie vor unbekannt, womöglich erlag er aber bei seinem durch die Grippe zusätzlich geschwächten Zustand dem Typhus. Nur Queen Victoria glaubte zu wissen, was ihrem geliebten „Engel Albert" den Tod gebracht hatte: Berties sexuelle Eskapaden und die große Sorge des Prinzgemahls um Ansehen und Fortbestand der britischen Monarchie. Das hat sie ihrem Sohn niemals verziehen. Schließlich gab es zu diesem unerfreulichen Thema bereits einen „Präzedenzfall" in der Familie: Victorias königlicher Onkel Georg IV. (1762–1830) hatte durch seinen ausschweifenden Lebensstil und ständige Weibergeschichten fast eine Revolution provoziert und damit die Monarchie an den Rand des Abgrunds geführt. Und nun sah es so aus, als würde Bertie in dessen Fußstapfen treten.

Der verheiratete Junggeselle

Bertie erfüllte das Vermächtnis seines Vaters und heiratete Alexandra von Dänemark am 10. März 1863 in der St. Georgs Kapelle von Schloss Windsor. Wenn man bedenkt, dass es sich um den englischen Thronfolger handelte, so fand die Trauungszeremonie in vergleichsweise kleinem Rahmen statt. Doch Queen Victoria, die die Trauerkleidung bis zu ihrem Tod nicht ablegte, hatte es so gewollt. Auch wenn ihr Albert schon seit mehr als einem Jahr tot war, saß der Schmerz doch noch so tief, dass sie sich einem größeren gesellschaftlichen Ereignis kaum gewachsen fühlte. Die Öffentlichkeit, die für die Zurückgezogenheit ihrer Königin zunächst großes Verständnis gehabt hatte, begann allmählich über die „schwarze Witwe von Windsor" zu spotten.

Durch die Hochzeit bekam Bertie endlich einen eigenen Haushalt – neben Schloss Sandringham auch das *Marlborough House* in London – sowie mit einer Apanage von jährlich 100 000 Pfund die ersehnte finanzielle Unabhängigkeit. Doch obwohl er inzwischen erwachsen geworden war, fehlte ihm eine richtige Aufgabe, denn seine Mutter gewährte ihm kaum Einblick in die Regierungsgeschäfte. Infolgedessen hatte Bertie jede Menge Zeit, sich

164   *Erst der Hofknicks – und dann ab ins Bett*

zusammen mit seiner Gemahlin dem gesellschaftlichen Leben zu widmen, Partys, Jagdausflügen, Bällen und Pferderennen. Eine Zeitlang waren der Prinz von Wales und die schöne Alexandra der Mittelpunkt der englischen High Society. Doch mit Zeit wurde Alexandra der Trubel zu viel. Schon Ende der 1860er-Jahre begann sie an zunehmender Taubheit zu leiden, was selbst den gesellschaftlichen Small Talk erheblich erschwerte, von einer ernsthaften Konversation ganz zu schweigen. Sie bevorzugte stattdessen den Umgang mit den wenigen Menschen ihrer engsten Umgebung, die ihr wirklich vertraut waren. Hinzu kam natürlich die Tatsache, dass Bertie ihr nicht treu war, denn schon der frischverheiratete Prinz von Wales war notorisch untreu. Selbst wenn Alexandra die ständigen Seitensprünge des Prinzen mit bemerkenswerter Fassung ertrug, so fühlte sie sich dennoch tief verletzt. Aus all diesen Gründen zog sie sich mehr und mehr vom gesellschaftlichen Leben zurück und widmete sich stattdessen mit großer Begeisterung ihren fünf Kindern, die im Laufe der nächsten Jahre zur Welt kamen, darunter auch der nächste englische König Georg V., der 1910 den Thron bestieg.

Bertie hatte also freie Bahn und konnte auch weiterhin ein unbeschwertes „Junggesellendasein" führen. Seine Welt war die der Clubs, eine Gesellschaft der Gentlemen. Er hatte stets einen Kreis interessanter Menschen aus verschiedenen Lebensbereichen um sich geschart, nicht nur englische Aristokraten, sondern auch Geschäftsleute, Künstler und amerikanische Millionäre. Ein beliebter Treffpunkt der jungen Männer war das Londoner *Mott's*, ein bekanntes Lokal, in dem jeden Abend der Sekt in Strömen floss. Hauptattraktion aber waren die dort angestellten hübschen Mädchen, die stets zu allen Gefälligkeiten bereit waren. Unter diesen „Paradiesjungfern" befand sich auch eine gewisse Nellie Clifden, mit der Bertie wohl nicht nur an der Bar alte Erinnerungen ausgetauscht hat.

Als der Queen zu Ohren kam, dass sich ihr Sohn vorzugsweise mit diesen Halbweltdamen abgab, war sie verständlicherweise *not amused* und schickte ihm, wie einst der selige Albert, bitterböse Briefe, in denen sie sein Verhalten auf das Schärfste verurteilte. Dabei schwirrten damals auch über Victoria selbst unschöne Gerüchte herum, was Bertie natürlich genüsslich registrierte. Nachdem sich die Königin lange Zeit von der Öffentlichkeit ferngehalten hatte, zeigte sie sich inzwischen wieder häufiger und hatte dabei einen ständigen Begleiter an ihrer Seite. Sein Name war John Brown (1826–1883), ein rothaariger Naturbursche aus dem schottischen Hochland, der Victoria und Albert schon seit 1849 auf Schloss Balmoral in vielfacher Funktion gedient hatte. Jetzt schien sie keinen Schritt mehr ohne ihn zu machen, was natürlich auch den Untertanen nicht entging. Bald machten Gerüchte die Runde, John Brown sei Victorias heimlicher Liebhaber, manche mutmaßten sogar, sie habe ihn bereits in morganatischer Ehe geheiratet. Einige Zeitungen begannen tatsächlich, die Königin offen als „Mrs. Brown" zu verspotten.

Noch heute gibt diese ungewöhnliche Freundschaft einige Rätsel auf, doch wahrscheinlich war die Sache ganz einfach. In Victorias näherer Umgebung gab es niemanden, dem sie sich vorbehaltlos anvertrauen konnte. Nur mit John Brown, der immer ehrlich seine Meinung sagte, dabei aber stets diskret und zuverlässig blieb, konnte sie offen reden. Vermutlich war der Schotte also tatsächlich nichts anderes als der teuerste Freund, den niemand auf der Welt ersetzen kann. Nicht weniger, aber auch nicht mehr.

Unterdessen fuhr Bertie fort, sein Leben zu genießen, wobei er seine Vergnügungen keineswegs auf England beschränkte. Einmal im Jahr machte er – nur in Begleitung eines Hofbeamten – eine Reise nach Paris, um auch dort den Kontakt zu den Kokotten zu pflegen. Viel drang davon nicht in die Öffentlichkeit, umso mehr schossen die Gerüchte ins Kraut. Von Orgien war die Rede und man flüsterte, im Pariser *Café Anglais* habe man dem Prinzen eine halb nackte Gespielin in einer riesigen Silberschüssel ins Separee gebracht. Ein offenes Geheimnis hingegen war Berties heiße Affäre mit der attraktiven Sängerin Hortense Schneider (1833–1920), die in der Operette „Die Großherzogin von Gerolstein" die Hauptrolle spielte. Jedermann wusste, dass der Prinz die Soubrette Abend für Abend in ihrer Garderobe besuchte – und dass in dieser Zeit sonst niemand Zutritt hatte.

Bertie vor Gericht

Die Affären des jungen Bertie waren jedoch meist nur von kurzer Dauer. Es gab einfach zu viele hübsche Frauen, die es darauf anlegten, dem Prinzen von Wales zu gefallen, als dass er seine Aufmerksamkeit nur einer einzigen Dame hätte zuwenden können. Aber solange er die Nächte lediglich mit Halbweltdamen und Schauspielerinnen verbrachte, mochten sich vielleicht die Queen und andere empfindliche Gemüter darüber aufregen, doch solche Affären kratzten nicht wirklich an Berties Ruf als Gentleman. Das sah jedoch anders aus, wenn die betreffenden Damen nicht nur aus aristokratischen Kreisen stammten, sondern obendrein auch noch verheiratet waren. So kam es, dass Bertie 1870 plötzlich in ernsten Schwierigkeiten steckte. Das hatte folgende Bewandtnis.

Sir Charles Mordount, ein englischer Adliger und Mitglied des Oberhauses, hatte nämlich gegen seine Frau Harriett (1848–1906) die Scheidungsklage eingereicht. Angeblich hatte ihm die junge Lady gestanden, dass nicht *er* der Vater des Kindes war, das sie wohl 1869 zur Welt gebracht hatte, sondern einer ihrer diversen Liebhaber. Unter den verschiedenen Namen, die sie ihrem Gatten reuevoll aufzählte, war auch der des Prinzen von Wales!

Im Scheidungsprozess, der im Februar 1870 begann, wurde Bertie deshalb als Zeuge benannt. Seine juristischen Berater rieten ihm dringend, der Vorladung Folge zu leisten. So etwas hatte es noch nie gegeben, nie zuvor hatte ein Mitglied der Königsfamilie in den Zeugenstand treten müssen, zumal unter solch dubiosen Umständen. Hatte Lady Harriett tatsächlich die Wahrheit gesagt? Immerhin war Sir Charles im Schlafzimmer seiner Frau auf mehrere Briefe des Prinzen gestoßen sowie auf einen Gruß zum Valentinstag. Zunächst wurden im Gerichtsverfahren mehrere Bedienste befragt, sodass als Erste Harrietts Zofe in den Zeugenstand trat und ihre Beobachtungen preisgab: *Sir Charles*, erklärte sie, *ging gewöhnlich am Nachmittag seinen parlamentarischen Geschäften nach. 1867 sprach der Prinz von Wales zwei- oder dreimal um diese Tageszeit vor, 1868 war es häufiger. In diesem Jahr kam er gewöhnlich um vier Uhr nachmittags und blieb ein bis zwei Stunden. Die gnädige Frau war immer zu Hause und empfing ihn. Um diese Zeit war niemand im Salon.* Daraufhin wurde der Butler befragt. Er bestätigte die Aussage seiner Kollegin und fügte hinzu: *Lady Mordount gab mir Weisungen, niemanden vorzulassen, wenn der Prinz anwesend war.* Dann trat Sir Charles Mordount selbst in den Zeugenstand. Er ließ keinen Zweifel daran, dass er auf Bertie nicht gut zu sprechen war: *Ich wusste, dass der Prinz meine Frau kannte ... Ich habe ihn niemals in unser Haus eingeladen. Ich warnte meine Frau wiederholt, den Umgang mit Seiner Königlichen Hoheit fortzusetzen, da ich mir meine Gedanken darüber machte. Ich sagte ihr, dass ich verschiedentlich von gewissen Umständen, die mit dem Charakter des Prinzen in Zusammenhang standen, gehört hätte. Ich erwähnte keine Einzelheiten. Zu jener Zeit hatte ich den Prinzen einmal in unserem Haus gesehen ... Bis nach der Niederkunft meiner Frau wusste ich weder, dass der Prinz ein ständiger Besucher des Hauses gewesen war, noch dass irgendein Briefwechsel zwischen ihnen bestand.*

Da der Inhalt dieser Briefe noch geheim war, wurde er zum gefundenen Fressen der klatschsüchtigen Gesellschaft. Welche Intimitäten mochte er wohl enthalten? Als jedoch die „Times" den Inhalt der Briefe abdruckte, waren alle Skandalnudeln enttäuscht. Die Korrespondenz bestand laut Zeitung *aus alltäglichen konventionellen Briefen voller Klatsch.* Eines dieser Schreiben hatte folgenden Wortlaut: *Liebe Lady Mordount! Ich bin betrübt, aus dem Briefe, den ich heute Morgen von Ihnen erhielt, zu erfahren, dass Sie sich nicht wohl fühlen und es Ihnen nicht möglich ist, mich heute zu empfangen, worauf ich mich besonders gefreut hatte. Morgen und Samstag werde ich in Nottinghamshire jagen. Sollten sie jedoch noch in der Stadt sein, darf ich Sie am Sonntagnachmittag um fünf Uhr besuchen? In der Hoffnung, dass es Ihnen wieder besser gehen möge, verbleibe ich Ihr stets ergebener Albert Eduard.* Dieser Brief konnte alles oder nichts bedeuten. Natürlich wäre Bertie niemals so dumm gewesen, einer heimlichen Geliebten schriftliche Geständnisse zu machen, die womöglich von Menschen gelesen wurden, für die sie ganz und gar nicht bestimmt waren. Und doch schien alles für den Prinzen von Wales zu sprechen. Als er selbst verhört wurde – nicht vom Anwalt der Gegenpartei, sondern von seinem eigenen –, erschien die Bekanntschaft mit Lady Harriett plötzlich in einem ganz harmlosen Licht, sodass dem Prinzen *keine unschicklichen Vertraulichkeiten oder strafbare Handlungen* nachgewiesen werden konnten. Unter tosendem Applaus der Zuhörer durfte Bertie den Gerichtssaal wieder verlassen.

Die Scheidungsklage wurde ohnehin abgewiesen, weil das Gericht der Ansicht war, Lady Harrietts Aussagen seien frei erfunden. Nach der Geburt ihres Kindes litt sie angeblich unter einer psychischen Krankheit und galt deshalb als nicht zurechnungsfähig.

(Fünf Jahre später, als ein wenig Gras über die Sache gewachsen war, wurden die Mordounts dann doch noch geschieden.)

Dennoch hatte dieser Prozess Berties Ruf ein paar hässliche Kratzer zugefügt. Jedermann wusste, dass sein Anwalt ihm die Worte so in den Mund gelegt hatte, dass irgendwelche Verfehlungen überhaupt nicht zur Sprache kamen. Berechtigte Zweifel blieben. So fragte eine Londoner Zeitung, warum denn ein jung verheirateter Ehemann Woche für Woche einer jung verheirateten Frau in Abwesenheit ihres Ehemanns einen Besuch machte. Dafür konnte es doch wohl nur einen einzigen Grund geben ...

Komitee für moralisches Verhalten

Das Gerichtsverfahren hatte Bertie zwar gezeigt, dass er in Zukunft bei der Wahl seiner Geliebten vorsichtiger sein musste, doch seine Leidenschaft für schöne Frauen blieb ungebrochen. Insgesamt wurden ihm mehrere Dutzend Affären nachgesagt. Es gab natürlich auch böse Zungen, die behaupteten, wenn der Prinz von Wales einer jungen Dame Avancen machte, würde er kein „Nein" akzeptieren. Wer sich ihm verweigerte, so hieß es, würde von seinen legendären Partys im *Marlborough House* ausgeschlossen. Doch für eine gesellschaftliche Ächtung findet sich zumindest in den Memoiren dieser Zeit kein einziger Beleg. Offenbar war Bertie tatsächlich so unwiderstehlich, dass ihm die Damen der High Society zu Füßen lagen.

Eine von ihnen war die hinreißende Lillie Langtry (1853–1929), seit 1874 mit einem irischen Kaufmann verheiratet. Wegen ihrer fantastischen Figur, den goldblonden Haaren und einem makellosen Pfirsichteint wurde die Londoner Society schon bald auf die schöne Unbekannte aufmerksam. Lord Randolf Churchill, der Vater des späteren Premierministers, schrieb ganz begeistert an seine Frau: *Ich war gestern bei Lord Wharncliffe eingeladen und führte eine Mrs. Langtry zur Tafel, ein entzückendes Wesen, das niemand kennt.* So begann sich die Kunde von der attraktiven Lillie, die in der Regel ohne ihren Ehemann erschien, rasch zu verbreiten. Auch in höfischen Kreisen horchte man auf. Der Erste, der den Reizen der blonden Schönheit verfiel, war offenbar Prinz Leopold (1853–1884), Berties jüngerer Bruder. Er stattete Lillie nicht nur regelmäßige Besuche ab, sondern hängte sogar ihr Porträt über sein Bett. Als Queen Victoria kurz darauf Leopolds Schlafzimmer betrat, soll sie darüber so schockiert gewesen sein, dass sie trotz ihrer Korpulenz auf einen Stuhl kletterte und das Bild eigenhändig von der Wand nahm.

Doch Leopolds Chancen bei Mrs. Langtry sanken ohnehin rapide, als Bertie 1877 die schöne Lillie kennen lernte und sie zu seiner Mätresse machte. Einen Skandal wie seinerzeit bei den Mordounts fürchtete er offenbar nicht, denn Mr. Langtry ließ seiner lebenslustigen Gemahlin alle Frei-

Eduard VII. und die schönen Damen der englischen High Society 169

heiten. Weil seine Geschäfte nicht sonderlich gut liefen, wusste er Lillies lukrative Liaison sehr wohl zu schätzen, denn Bertie erwies sich in finanzieller Hinsicht als ausgesprochen großzügig.

Drei Jahre lang blieb Lillie die feste Begleiterin des Prinzen von Wales und avancierte in dieser Zeit zum modischen Vorbild für alle Damen der High Society, ähnlich wie einst die Mätressen am Hof des französischen Sonnenkönigs Ludwig XIV. Die englischen Ladys ahmten Lillies Frisur nach, den „Langtry-Knoten", trugen die gleichen Schuhe, die gleichen Hüte und liefen zum Fotografen, um sich in ihrem schicken neuen Outfit ablichten zu lassen.

Etwa zur gleichen Zeit, in der die Leidenschaft des Prinzen wieder erlosch, trennte sich Lillie auch von ihrem inzwischen bankrotten Ehemann und startete eine Karriere als Schauspielerin. Schließlich musste sie sich ihren Lebensunterhalt künftig selbst verdienen, und das tat sie mit großem Erfolg. Wann immer Lillie auftrat, war das Theater bis auf den letzten Platz besetzt, denn Berties ehemalige Mätresse auf der Bühne zu sehen, wollte man sich natürlich nicht entgehen lassen.

Berties Frauengeschichten machten Schule. Bald gehörte es schon fast zum guten Ton, dass sich auch die Herren der englischen Gesellschaft eine Geliebte nahmen. Für die Ladys der High Society war das natürlich ein Skandal! Einige von ihnen gründeten daraufhin ein „Komitee für moralisches Verhalten" und wandten sich sogar an den Erzbischof von Canterbury, ob er nichts dagegen tun könnte, *der moralischen Verderbtheit Einhalt zu gebieten*, einer Verderbtheit, die, wie sie versicherten, *London zugrunde richtete*. Dabei ging es nicht nur um außereheliche Beziehungen, sondern auch um die bedrohte Exklusivität der High Society. Dass inzwischen auch Schauspielerinnen Zugang zur Gesellschaft hatten, wurde als überaus empörend angesehen. Den Anfang machte die berühmt-berüchtigte Französin Sarah Bernhardt, die im Sommer 1879 ein Gastspiel im Londoner Gaiety Theater gab und auch den Prinzen von Wales zu ihren glühenden Verehrern zählte. Zwar galt die Bernhardt als „Magierin auf der Theaterbühne", gleichwohl kursierten über sie und ihr unkonventionelles Leben die wildesten Gerüchte. Angeblich schlief sie sogar in einem Sarg! Am 6. Juli 1879 notierte Lady Cavendish verärgert in ihr Tagebuch: *London war ganz verrückt auf diese erste Schauspielerin der Comédie Française, die sich gegenwärtig hier aufhielt. Sarah Bernhardt ist eine Frau, die für ihren schamlosen Ruf berüch-*

tigt ist ... Doch nicht genug damit, dass man dieser Person bis auf die Bühne nachläuft, sie wird sogar ins Haus ehrbarer Leute zum Spielen, selbst zum Lunch und Dinner eingeladen. Es ist ein unerhörter Skandal!

Doch dem Erzbischof von Canterbury waren die Hände gebunden, und auch Prinzessin Alexandra, die man als Schirmherrin des Komitees gewinnen wollte, lehnte ab. Sie selbst nahm Berties Liebschaften auch weiterhin großmütig hin und dachte nicht im Traum daran, den Prinzen zu kompromittieren, der sich ihr gegenüber stets höflich und zuvorkommend verhielt.

Berties letzte Mätresse: Alice Keppel

Auch wenn die Queen inständig gehofft hatte, ihr Sohn werde mit den Jahren ruhiger werden und sein Bummelleben aufgeben, so ließ Bertie sich nicht zähmen. Inzwischen war er 45 Jahre alt, zwar recht korpulent geworden, aber noch so vital wie eh und je. Außerdem achtete er sehr auf sein äußeres Erscheinungsbild und setzte mit offenem Gehrock (wegen seines wachsenden Leibesumfangs) und schwarzem Homburg modische Akzente.

Die nächste Schönheit, die ab etwa 1886 Berties Aufmerksamkeit erregte, war Lady Daisy Greville (1861–1938), Ehefrau des späteren Earl of Warwick. Diese Beziehung verlief bis in die 1890er-Jahre hinein ruhig und skandalfrei. Erst nach der Trennung von Bertie sorgte Daisy in der englischen Gesellschaft für einen Eklat ganz anderer Art: Nach einem intensiven Gespräch mit einem Zeitungsverleger über das dekadente Leben des englischen Landadels mutierte Daisy allmählich zur Sozialistin, fing an, sich karitativ zu betätigen, und trat nach dem Ende des Ersten Weltkriegs sogar der *Labour Party* bei. Das freilich hat Bertie nicht mehr erlebt.

Die letzte Mätresse des Prinzen von Wales und späteren Königs Eduard VII. war gewiss die Bemerkenswerteste von allen: die Schottin Alice Keppel (1869–1947), nicht nur eine auffallende Schönheit, sondern auch so klug und gebildet, dass sie als anregende Gesprächspartnerin allgemein begehrt war. Bertie hatte Alice 1898 kennen gelernt. Sie war seit 1891 mit Sir George Keppel (1865–1947) verheiratet und Mutter einer Tochter, der 1894 geborenen Violet. Sir George war wohl ähnlich großzügig wie seine beiden Vorgänger und tolerierte die Liebesbeziehung seiner Frau mit dem Prinzen von Wales. Als Alice 1900 eine zweite Tochter zur Welt brachte, erkannte er

Eduard VII. und die schönen Damen der englischen High Society   171

die kleine Sonia kommentarlos als sein eigenes Kind an. Dabei kann man mit an Sicherheit grenzender Wahrscheinlichkeit davon ausgehen, dass kein anderer als Bertie der Vater des Mädchens war. Aber wie auch immer: Sonia (1900–1986), die 1920 Sir Robert Calvert Cubitt heiratete, den 3. Baron Ashcome, ist mit dem englischen Königshaus auf jeden Fall eng verbunden, und zwar als Großmutter der 1947 geborenen Camilla Shand, einer Tochter von Mr. Shand und Rosalind Maud Cubitt (1921–1994). Camilla, die während ihrer Ehe mit Mr. Parker Bowles als Mätresse des Prinzen von Wales die „Erzrivalin" von Prinzessin Diana war und für ein gewaltiges Medienecho gesorgt hat, ist inzwischen bekanntlich Charles' rechtmäßige Ehefrau, Camilla Mountbatton-Windsor, Herzogin von Cornwall.

Alice Keppel, Camillas Urgroßmutter, blieb bis zu Berties Tod an seiner Seite und war ihm eine wirkliche Lebenspartnerin. Nach außen hin hat sie stets die Etikette gewahrt – *Erst der Hofknicks – und dann ab ins Bett*, soll sie einmal scherzhaft gesagt haben – und war ausgesprochen diskret und einfühlsam. Sie konnte auch mit Berties weniger charmanter Seite gut umgehen und beruhigend auf ihn einwirken, wenn er wieder einmal einen seiner cholerischen Anfälle hatte.

Als Bertie nach dem Tod von Queen Victoria am 22. Januar 1901 als Eduard VII. neuer König von England wurde, machte er Alice Keppel zu seiner halb offiziellen Begleiterin. So war sie stets mit von der Partie, auf größeren Veranstaltungen wie dem Pferderennen in Ascot, Besuchen auf den Landsitzen befreundeter Aristokraten sowie seinen regelmäßigen Reisen nach Biarritz und Monte Carlo. Selbst zu Staatsbesuchen kam Alice als „klassische Mätresse" meistens mit. Auch wenn sie sich stets taktvoll im Hintergrund hielt, so hagelte es mitunter doch heftige Kritik. Graf Metternich, der deutsche Botschafter in London, schrieb 1905 an Reichskanzler Bernhard von Bülow: *Es wird erzählt, der Kaiser habe sich in seinem Jachtclub sehr offen über die Liederlichkeiten der englischen Gesellschaft und besonders über die Beziehung König Eduards zu Mrs. Keppel geäußert. König Eduard ist in diesem Punkt sehr empfindlich und scheint sich hierüber besonders geärgert zu haben.* – The Kaiser, wie Wilhelm II. (1859–1941) in England genannt wurde, war Berties Neffe, der älteste Sohn seiner Schwester Vicky und des früh verstorbenen Friedrich III. Die beiden Männer waren einander in herzlicher Abneigung zugetan, doch die Kritik des Kaisers hatte wohl andere Gründe. Vermutlich war der sich stets so sittenstreng gebende Wilhelm II.

schlicht und einfach neidisch auf die hübsche Begleiterin seines lebenslustigen Neffen.

Auch im Frühjahr 1910 waren Bertie und Alice noch einmal gemeinsam in Biarritz. Als der König Anfang Mai nach London zurückkehrte, machten ihm jedoch erhebliche gesundheitliche Beschwerden zu schaffen. Der üppige Lebensstil, dem er all die Jahre gefrönt hatte, forderte seinen Preis. Bertie hatte stets gerne und gut gegessen und getrunken und täglich ein Dutzend Zigarren sowie etwa 20 Zigaretten geraucht. Schon seit Längerem litt er an einer chronischen Bronchitis, die sich nun dramatisch verschlimmerte. Der König wusste, dass er nicht mehr lange zu leben hatte. Deshalb bat er seine Gemahlin Alexandra um einen letzten Gefallen: Sie solle Alice Keppel benachrichtigen, so schnell wie möglich zum Buckingham Palast zu kommen, damit er sich von seiner langjährigen Geliebten verabschieden konnte. Alexandra sprang großmütig über ihren Schatten und erfüllte dem König diesen sehnlichen Wunsch. So war Alice Keppel bei ihrem Bertie, als der am 6. Mai 1910 seinen letzten Atemzug tat. Danach hielt sie es jedoch für ratsam, zunächst einmal aus dem Dunstkreis des englischen Königshauses zu verschwinden und längere Zeit auf Reisen zu gehen, bis ihre Rolle als Mätresse allmählich in Vergessenheit geriet. Finanziell war Alice Keppel abgesichert, nicht nur, weil Eduard VII. sie großzügig versorgt hatte. Auch ihr Ehemann hatte die Verbindung seiner Frau mit dem Königshaus clever zu lukrativen Geschäften genutzt und es zu erheblichem Wohlstand gebracht. Doch er und Alice gingen schon längst eigene Wege. Nach dem Ende des Ersten Weltkriegs erwarb Mrs. Keppel eine schmucke Villa in Florenz, wo sie den Rest ihres Lebens verbrachte und am 11. September 1947 gestorben ist. Im gleichen Jahr kam Alice's Urenkelin Camilla auf die Welt, die spätere langjährige Geliebte von Charles, des Prinzen von Wales. So schließt sich der Kreis.

Macht doch euren Dreck alleene! –
Die Eskapaden der sächsischen Kronprinzessin Luise

Am Dresdner Hof, wo einst die Herrschenden rauschende Feste gefeiert und sich mit ihren Mätressen vergnügt hatten, war längst Ruhe eingekehrt. Im 19. Jahrhundert führten Sachsens Könige und ihre Söhne geradezu vorbildliche Ehen – bis Kronprinzessin Luise 1902 einen unglaublichen Skandal auslöste.

Der in Dresden geborene Schriftsteller Erich Kästner (1899–1974) hat seinen Kindheitserinnerungen mit dem Buch „Als ich ein kleiner Junge war" ein liebevolles Denkmal gesetzt. So beschreibt er unter anderem, was er damals zu Kaisers Zeiten in Sachsens Hauptstadt alles erlebt oder von den Erwachsenen aufgeschnappt hat: *Einen König von Sachsen hatten wir übrigens auch, Friedrich August. Er war der letzte sächsische König, doch das wusste er damals noch nicht. Manchmal fuhr er mit seinen Kindern durch die Residenzstadt ... Und aus dem offenen Wagen winkten die kleinen Prinzen und Prinzessinnen uns anderen Kindern zu. Der König winkte auch. Und er lächelte freundlich. Wir winkten zurück und bedauerten ihn ein bisschen. Denn wir und alle Welt wussten ja, dass ihm seine Frau, die Königin von Sachsen, davongelaufen war. Mit Signore Toselli, einem italienischen Geiger! So war der König eine lächerliche Figur geworden und die Prinzessinnen und Prinzen hatten keine Mutter mehr.*

Ende des Ersten Weltkriegs war es mit Sachsens königlichem Glanz bekanntlich vorbei. Als Friedrich August III. im November 1918 abdankte, soll er zu seinen früheren Untertanen verärgert gesagt haben: *Dann macht doch euren Dreck alleene!* Doch wirklich belegt ist diese ruppige Äußerung nicht, zumal sie auch wenig zu dem vornehm – zurückhaltenden Monarchen ge-

Luise von Toscana und Sachsen mit ihrer Tochter Pia Monika.

passt hätte. Eher schon zu seiner ehemaligen Gemahlin, der sächsischen Kronprinzessin Luise. Die hat diesen Satz zwar auch nicht gesagt, aber wahrscheinlich doch gedacht, als sie im Dezember 1902 ihre Koffer packte, um Dresden für alle Zeit den Rücken zu kehren: *Macht doch euren Dreck alleene!* Was war bloß in sie gefahren?

Nun, Ehen zerbrachen immer wieder, da machte auch der deutsche Hochadel keine Ausnahme. Doch meistens verschwanden die geschiedenen Ehefrauen irgendwo heimlich in der Versenkung und öffentlich wurde kein Wort mehr über sie verloren. Bei Kronprinzessin Luise sah das etwas anders aus, denn allein die Klatschpresse sorgte dafür, dass sich die Öffentlichkeit über den unerhörten Skandal das Maul zerreißen konnte.

Prinzessin von Habsburg-Toscana

Prinzessin Luise von Habsburg-Toscana kam am 2. Dezember 1870 in Salzburg zur Welt. Auch wenn ihr Vater Ferdinand IV. (1835–1908) gezwungenermaßen das Leben eines fürstlichen „Frührentners" führen musste, so

Die Eskapaden der sächsischen Kronprinzessin Luise   175

erlebte das kleine Mädchen doch im Kreis der Familie eine glückliche Kindheit. Mit insgesamt fünf Brüdern kam im Hause Toscana keine Langeweile auf, dafür sorgte auch der Herr Papa, wie Luise später in ihren Lebenserinnerungen berichtete: *Er war unser Spielkamerad und verbrachte viele Stunden in unserer Kinderstube.* Das Verhältnis zur Mutter Alice von Parma (1849–1935) scheint nicht ganz so herzlich gewesen zu sein, denn sie führte in der Familie ein strenges Regiment und achtete genau auf die Einhaltung der höfischen Etikette. Sehr zu Luises Leidwesen.

Dabei lebte die Familie schon längst im Exil, denn Luises Großvater war als Leopold II. der letzte Großherzog von Toscana gewesen, einer kleinen Herrschaft, die sich seit etwas mehr als hundert Jahren im Besitz des Hauses Habsburg befunden hatte.

Seit dem 15. Jahrhundert waren Mitglieder der Florentiner Adelsfamilie Medici die Herren der Toscana gewesen und 1587 zu Großherzögen aufgestiegen. Doch 150 Jahre später ging es mit dem berühmten italienischen Geschlecht allmählich zu Ende – und das kam Kaiser Karl VI. gerade recht. Franz Stephan, der frischgebackene Ehemann seiner Tochter Maria Theresia (1717–1780), hatte nämlich das Herzogtum Lothringen mit in die Ehe gebracht, was Frankreich überhaupt nicht behagte, denn es wollte die räumliche Verbindung von Österreich und Lothringen auf jeden Fall verhindern. Da nun die Toscana bald ohne Herrscher dastehen würde, schloss Karl VI. mit dem letzten Medici 1735 einen Tauschvertrag und machte Franz Stephan zum neuen Großherzog von Toscana. Nach dessen Tod herrschten die zweitgeborenen Söhne des Kaiserhauses über das kleine Großherzogtum. Diese sogenannte Sekundogenitur endete im Jahr 1859 nach der Niederlage Österreichs bei Solferino. Damals verloren die Habsburger nicht nur die Lombardei, auch die Toscana gehörte seither zum Königreich Italien.

Luises Großvater Leopold II. ging mit seiner Familie nach Salzburg ins Exil, wo schließlich auch die kleine Prinzessin zur Welt kam. Als enge Verwandte des Kaisers mussten die Toscanas natürlich keine Not leiden. Franz Joseph sorgte für eine großzügige finanzielle Unterstützung und stellte den „Flüchtlingen" ein hochherrschaftliches Palais zur Verfügung.

Verlobung mit Friedrich August

So wuchs Luise in höfischer Umgebung auf. Als die Prinzessin 17 Jahre alt war, wurde es allmählich Zeit, Ausschau nach einem passenden Bräutigam zu halten. Er sollte auf jeden Fall katholisch sein und nach Möglichkeit aus einem regierenden Herrscherhaus stammen. Kaiser Franz Joseph richtete seinen Blick daher nach Sachsen. Zwei Schwestern seiner Mutter Sophie waren mit sächsischen Königen verheiratet gewesen, und seitdem hatte man die verwandtschaftlichen Beziehungen weiter gepflegt. Der sächsische Hof in Dresden besaß einen guten Ruf, und die Zeiten, da sich Mätressen in die Politik eingemischt hatten, gehörten längst der Vergangenheit an. Ungewöhnlich war freilich, dass das Königshaus katholisch war, während die meisten Untertanen den protestantischen Glauben lebten. Diese Konstellation ging auf August den Starken zurück, der Ende des 17. Jahrhunderts bereitwillig zum Katholizismus übergetreten war, um König von Polen zu werden. Was ihm ja schließlich auch gelang.

Das Kurfürstentum Sachsen war 1806 von napoleonischen Truppen besetzt worden und noch im gleichen Jahr dem Rheinbund beigetreten. Als Dank erhob Napoleon Sachsen nach dem Ende des Heiligen Römischen Reiches 1806 zum Königreich. So wurde der frühere Kurfürst Friedrich August III. als Friedrich August I. Sachsens erster König. Machtpolitisch gesehen ging es jedoch bergab, nachdem Sachsen 1815 zum Mitglied des Deutschen Bundes geworden war und nach der Reichsgründung 1871 schließlich einer der 25 deutschen Einzelstaaten wurde.

Als Luise geboren wurde, herrschte noch König Johann von Sachsen (reg. 1854–1873) über das Land. Nach dessen Tod ging die Krone an seinen Sohn Albert (reg. 1873–1902) über, der mit Prinzessin Carola von Schweden eine glückliche, aber leider kinderlose Ehe führte. Deshalb sollte eines Tages sein jüngerer Bruder Georg (1832–1904) den Thron erben und ihn schließlich an den 1865 geborene Sohn Friedrich August weitergeben.

Und genau für diesen Neffen suchte Albert, der königliche Onkel, nunmehr eine nette Braut. Nach Absprache mit Kaiser Franz Joseph lud man im Sommer 1887 Ferdinand von Toscana samt Frau und Tochter auf das idyllische Schlösschen Pillnitz ein. Hier lernte Luise den nachmaligen sächsischen Kronprinzen kennen und fand ihn auf Anhieb sympathisch, was

Die Eskapaden der sächsischen Kronprinzessin Luise   177

übrigens auf Gegenseitigkeit beruhte. Man blieb in Kontakt. Doch noch schien Friedrich August zu jung für eine Ehe. Zunächst sollte er sein Jurastudium beenden und eine praktische Einführung in die Landesverwaltung absolvieren. Erst vier Jahre später war es so weit. Im Juni 1891 reiste Friedrich August nach Lindau am Bodensee, wo Familie Toscana die Sommerferien verbrachte. Hier hielt der Prinz offiziell um Luises Hand an und war glücklich, als sie erwartungsgemäß ihre Einwilligung gab. Es mochte vielleicht nicht die ganz große Liebe gewesen sein, doch die beiden jungen Leute schienen durchaus miteinander zu harmonieren. Viel mehr war von einer arrangierten Ehe ohnehin nicht zu erwarten.

Neue Heimat in Dresden

Nach den Hochzeitsfeierlichkeiten, die Kaiser Franz Joseph am 21. November 1891 in Wien mit allem nötigen Pomp ausgerichtet hatte, musste sich Luise von ihrer Familie verabschieden. Es flossen viele Tränen, auch wenn alle Beteiligten durchaus hoffnungsvoll in die Zukunft blickten. Nur Luise fragte sich bang, was sie in ihrer neuen Heimat an der Elbe wohl erwarten würde. Die sächsische Verwandtschaft schien nämlich ganz und gar nicht nach ihrem Geschmack zu sein.

Eine nette Schwiegermutter, die Luise vielleicht mit offenen Armen aufgenommen und behutsam in ihre neue Umgebung eingeführt hätte, gab es leider nicht mehr. Anna Maria von Portugal war schon vor sieben Jahren gestorben und Georg, der Witwer, hatte an einer zweiten Ehe wohl kein Interesse gehabt. Vielleicht aber fand sich auch keine Frau, die bereit gewesen wäre, mit dem alten Griesgram vor den Traualtar zu treten. Georg war nämlich ein ausgesprochen schrulliger Mensch, zudem strenggläubig bis zur Bigotterie. „Georg den Grämlichen" nannten ihn die Untertanen hinter vorgehaltener Hand und auch Luise schilderte ihn in ihren Erinnerungen als engherzig und intolerant. Einer seiner Enkel soll später sogar kein Blatt vor den Mund genommen und ganz offen gesagt haben: *Großvater war ein Ekel.*

Auch Luises fromme Schwägerin Mathilde, die unverheiratet am Dresdner Königshof lebte, wies ebenfalls recht skurrile Züge auf und kam als mögliche Freundin auf keinen Fall infrage. Glücklicherweise war wenigstens das Verhältnis zum sächsischen Königspaar ungetrübt, denn Albert und Carola taten alles, um das neue Familienmitglied im neuen Zuhause herzlich willkommen zu heißen.

Das junge Ehepaar bezog sein neues Heim im Taschenbergpalais, dem ehemaligen Wohnsitz der Gräfin Cosel, der berühmten Mätresse Augusts des Starken. Hier brachte Luise in rascher Folge fünf Kinder zur Welt: Am 15. Januar 1893 wurde Sohn Georg geboren, noch im gleichen Jahr, am 31. Dezember, Friedrich Christian. Dann folgten 1896 Ernst sowie die Töchter Margarethe 1900 und Marie Alix 1901. Zwar hatte Luise damit ihre wichtigste dynastische Pflicht erfüllt, doch wirklich glücklich wurde sie in Dresden nicht. Sie beanstandete die *muffige Atmosphäre* am Hof und fühlte sich vom ersten Tag an von *Frömmigkeit übersättigt*. Aber auch die königliche Familie hatte allerlei an ihr auszusetzen. Man warf ihr vor, dass sie viel zu viel Geld für elegante Kleidung ausgab, zu wenig Ernst an den Tag legte und es auch mit der höfischen Etikette nicht so genau nahm. Eines Tages konnten die Dresdner doch tatsächlich beobachten, wie ihre Prinzessin in aller Öffentlichkeit versuchte, das Fahrradfahren zu erlernen!

Worüber die Königsfamilie die Nase rümpfte, das kam bei den Untertanen freilich gut an. Endlich wehte ein wenig frischer Wind durch die alte Residenzstadt, endlich gab es einen Menschen „aus Fleisch und Blut" im Schloss, der auch Verständnis für die Nöte der einfachen Leute zu haben schien. Fast könnte man den Eindruck gewinnen, dass Luise so etwas wie eine „sächsische Sisi" gewesen wäre.

Eine Affäre mit dem Hauslehrer?

Solange der verständnisvolle Albert auf dem Thron saß, ging alles noch recht gut. Doch als der König 1902 starb, folgte ihm wie geplant sein vier Jahre jüngerer Bruder Georg, Luises Schwiegervater. Damit geriet die unkonventionelle, recht fortschrittlich denkende Luise zunehmend ins Abseits. Mit dem neuen König kam sie überhaupt nicht klar, was womöglich nicht weiter schlimm gewesen wäre, hätte wenigstens Kronprinz Friedrich August fest an der Seite seiner Gemahlin gestanden. Doch obwohl er Luise offenbar wirklich liebte, war er viel zu schwach, um gegenüber dem Vater offen Partei für sie zu ergreifen. Aus Angst vor dem Zorn des Königs hielt er sich ängstlich zurück und riskierte lieber einen von Luises berühmten Wutausbrüchen, wenn sie sich wieder einmal falsch verstanden fühlte. *Mein hoher Rang war ein anderer Grund zu ständigen Angriffen*, schrieb sie später in ihren Erinnerungen, *und ich wurde schließlich so müde, diese unausgesetzten Quälereien ertragen zu müssen. Zu stolz, um zu klagen, wusste ich, dass ich als eine launenhafte hysterische Frau hingestellt wurde ... Ach, wie habe ich in diesen Zeiten gelitten!*

Der Atmosphäre im Dresdner Schloss war das natürlich nicht gerade zuträglich. Verbittert über das triste Leben am Hof und die offensichtliche Schwäche ihres Gemahls suchte Luise nach Zerstreuung und begann, mit anderen Männern zu flirten, angeblich nur *harmlose Freundschaften*, wie es in ihren Erinnerungen heißt. Eine solche Freundschaft verband sie auch mit dem jungen André Giron, dem Hauslehrer ihrer Söhne Georg und Friedrich Christian. Der 1879 in Belgien geborene Giron, der im Januar 1902 an den Dresdner Hof gekommen war, wurde schon bald zu Luises engstem Vertrauten. Endlich hatte sie einen verständnisvollen Gesprächspartner, dem sie ihr Herz ausschütten, von ihrem tyrannischen Schwiegervater berichten konnte und von dem ängstlichen Ehemann, der sich nicht traute, seiner missverstandenen Gemahlin beizustehen: *Ich war ohne Freunde, und wie sehnte ich mich nach jemandem, dem ich voll und ganz vertrauen konnte! Mein Gemahl war stets unverändert lieb und gut zu mir. Wenn ich aber versuchte, ihm von meinen Leiden zu erzählen oder zu erklären, wie die Dinge wirklich standen, konnte und wollte er nicht glauben, dass es solche Bosheit gäbe.*

Schon allein Luises Vertraulichkeit im Umgang mit Giron konnte man nicht mehr als „harmlose Freundschaft" bezeichnen, schließlich verstieß es gegen die höfische Etikette, dass die Kronprinzessin familiäre Probleme mit einem der Bediensteten besprach. Doch das war längst nicht alles. Offenbar fand Luise größeren Gefallen an dem jungen Mann, als es schicklich war. Giron sah sehr gut aus, groß und schlank, mit dunklen Locken und kleinem Schnurrbart entsprach er so ganz dem damaligen Zeitgeschmack. Glaubt man dem Hauslehrer, dann landeten die beiden im Mai 1902 zusammen im Bett. Das zumindest plauderte er später freimütig vor Journalisten aus: *Am 1. Mai begaben wir uns nach Wachwitz[8], wo mein Verhältnis mit der*

---

[8] Sommersitz der Königsfamilie am rechten Elbufer.

Prinzessin ein intimes wurde. Das hat Luise zwar stets abgestritten, doch dem Hofpersonal blieb bekanntlich nichts verborgen, und so war die Affäre mit Giron schon bald ein offenes Geheimnis, ein recht pikantes sogar, denn im Herbst 1902 war Kronprinzessin Luise eindeutig schwanger. Es lässt sich zwar nicht beweisen, ist aber durchaus möglich, dass Giron das Kind gezeugt hatte. Friedrich August war zum fraglichen Zeitpunkt nämlich viel unterwegs gewesen, ohne Luise, sodass seine Vaterschaft eher unwahrscheinlich war, wenn auch nicht völlig ausgeschlossen.

Zunächst herrschte im Dresdner Schloss noch Ruhe, die sprichwörtliche Ruhe vor dem Sturm. Doch im November 1902 platzte die Bombe. Luises Hofdame Frau von Fritsch sagte der Kronprinzessin ganz offen ins Gesicht, was bis dahin nur hinter vorgehaltener Hand gemunkelt worden war: Man wusste von Luises Verhältnis mit dem Hauslehrer ihrer Söhne und Frau von Fritsch hielt es für ihre Pflicht, König Georg unverzüglich Mitteilung über das skandalöse Verhalten seiner Schwiegertochter zu machen.

Flucht aus Dresden

Nun überschlugen sich die Ereignisse. André Giron wurde sofort entlassen und verließ Dresden am 2. Dezember 1902. Dann wurde Luise zum König zitiert. Georg war außer sich – verständlicherweise –, schrie seine Schwiegertochter an, sie sei wohl wahnsinnig geworden, und drohte tatsächlich, sie in eine Irrenanstalt einweisen zu lassen: *Ich überlegte mit ohnmächtiger Verzweiflung, wie hilflos ich wäre, wenn ich in einer Maison de Santé untergebracht würde*, schrieb Luise in ihren Erinnerungen, *und schauernd erinnerte ich mich verschiedener Prinzessinnen, die für immer in ein Irrenhaus verbannt wurden, was mit dem lebendigen Begrabensein gleichbedeutend ist.* Die Kronprinzessin sah daher nur einen Ausweg: Sie musste schleunigst fort aus Dresden! Natürlich war es ausgeschlossen, in einer Nacht- und Nebenaktion zu fliehen. Ein solcher Plan musste wohlbedacht sein. Und so bat sie den König ganz offiziell um Erlaubnis, ihren Eltern einen vorweihnachtlichen Besuch abstatten zu dürfen. Am 9. Dezember reiste sie mit Georgs ausdrücklicher Genehmigung nach Salzburg.

Hatte sie auf Verständnis und Beistand gehofft, so sah sich Luise bitter enttäuscht. Die Eltern nahmen sie keineswegs mit offenen Armen auf, sondern rieten ihr dringend, nach Dresden zurückzukehren, wo Mann und Kinder sehnlich auf sie warteten. Was genau Luise daheim erzählt hatte, ist nicht bekannt. Fest steht jedoch, dass die Eltern einen Skandal auf jeden Fall vermeiden wollten. Das ist ihnen leider nicht gelungen.

Jetzt nämlich wandte sich Luise an ihren Bruder Leopold, der in der Habsburger-Familie schon länger als „schwarzes Schaf" galt, weil er mit einer nicht standesgemäßen Dame in einem eheähnlichen Verhältnis lebte. Seine Geliebte hatte sich den Lebensunterhalt früher als Prostituierte verdient.

Leopold hatte für die Nöte seiner „kleinen Schwester" größtes Verständnis und reiste mit ihr gemeinsam zunächst nach Zürich, dann nach Genf, wo Luise wieder mit ihrem Liebhaber André Giron zusammentraf. Die beiden planten, sich später gemeinsam in Paris niederzulassen.

Unterdessen schlug der Skandal am sächsischen Königshof hohe Wellen. Giron war daran nicht ganz unschuldig, denn er war jederzeit gern bereit, den neugierigen Reportern alles, was sie wissen wollten, in den Notizblock zu diktieren.

Verständnis war für das ungleiche Pärchen wohl kaum zu erwarten. So notierte Baronin Spitzemberg, die am Hohenzollernhof ein und aus ging, am 27. Dezember 1902 in ihr Tagebuch: *Alle waren sie erfüllt wie wir von dem entsetzlichen Skandal am sächsischen Hofe, der wirklich an Widerwärtigkeit seinesgleichen sucht. Fünf Kinder, einen Mann, einen Thron zurückzulassen, um mit 32 Jahren, in der Hoffnung eben von dem Hauslehrer dieser Kinder durchzugehen – es ist geradezu entsetzlich! Wenn die fürstlichen Frauen sich so vergessen, so allem Hohn sprechen, was sonst auch im Unglück für anständig, vornehm, christlich galt, dann nehmen sie sich selbst das Recht des Bestehens.* Und am 12. Januar 1903 heißt es im Tagebuch der Baronin: *Nur eines machte mich betroffen: Natürlich war von der Kronprinzessin von Sachsen die Rede, ich verdamme sie besonders wegen des Verlassens ihrer Kinder. Prinzessin Pauline zu Wied aber meinte, einen gewissen Mut zeige jene, dass sie, so nahe am Thron, diese weltlichen Vorurteile nicht achtend, ihrem Gefühl gefolgt sei. Darauf erwiderte ich, dass sei für mich eher ein gravierender Punkt mehr, insofern sie offenbar ihrer Pflichten gegen Familie, Namen, Thron, Stand, Volk absolut vergessen habe.*

Noch hätte Luise vielleicht eine Chance gehabt, ihr altes Leben weiterzuführen, wäre sie nur nach Dresden zurückgekehrt. Sie hat diese Chance nicht genutzt.

Auflösung der kronprinzlichen Ehe

So nahm das Schicksal seinen Lauf. In Dresden hatte König Georg schon im Dezember 1902 ein Sondergericht einsetzen lassen, um die Ehe des Kronprinzen aufzulösen. Luise hatte nichts dagegen einzuwenden. Sie verzichtete auf ihre Rechte als Kronprinzessin von Sachsen, und nahm den Ausschluss aus dem Hause Wettin achselzuckend hin. Schmerzhafter war es da schon, dass sie auch aus dem österreichischen Kaiserhaus ausgeschlossen und damit zur Bürgerlichen degradiert wurde. Am 11. Februar 1903 fiel das Scheidungsurteil.

Zu diesem Zeitpunkt war Luises Liaison mit André Giron schon wieder beendet. Vielleicht war ihm alles zu viel geworden, der Skandal und das Gerede der Leute. Vielleicht aber war er auch Luises heftigem Temperament nicht gewachsen und hatte keine Lust, dauerhaft mit ihren Launen und Ausbrüchen zu leben. Doch wie auch immer – am 6. Februar 1903 meldete die Presse: *Giron hat heute Abend mit dem Pariser Schnellzug Genf verlassen, um sich zu seiner Familie nach Brüssel zu begeben, wo er sich niederlassen wird. Er hat alle Beziehungen zu Prinzessin Luise aufgegeben, um ihr die Wiederaufnahme des Verkehrs mit ihren Kindern zu ermöglichen.* Doch diese Erklärung war lediglich vorgeschoben. Zwar hatte Luise tatsächlich vorgehabt, nach Dresden zu reisen, um ihren an Typhus erkrankten Sohn Friedrich Christian zu sehen. Doch ihr Gesuch wurde ablehnend beschieden. Zum Glück erholte sich der kleine Prinz von seiner schlimmen Krankheit und wurde schon bald wieder gesund.

Luise aber war mit den Nerven völlig am Ende. Und so entschloss sie sich aus freien Stücken, genau das zu tun, was sie noch mehrere Monate zuvor so gefürchtet hatte: Sie ließ sich in das Privatsanatorium La Métarie bei Nyon am Genfer See einweisen. Es war zwar nichts anderes als eine Irrenanstalt, da man hier aber ausschließlich Angehörige der oberen Schichten behandelte, wurde sie aber nicht so genannt: *Bis dahin hatte ich angenommen, dass die Méterie ein Erholungsheim sei. Zu meinem unbeschreiblichen Entsetzen wusste ich nun, dass es ein Irrenhaus war. Ich dachte, diese Entdeckung würde mich töten.* Das war glücklicherweise nicht der Fall, im Gegenteil. Denn in dieser privilegierten Umgebung kam die hochschwangere Luise tatsächlich ein wenig zur Ruhe. Man hatte ihr auf dem Grundstück eigens eine kleine Villa samt Personal zur Verfügung gestellt, sodass sie schließlich ihr seelisches Gleichgewicht zumindest halbwegs wiederfinden konnte.

Anfang März 1903 verließ Luise La Méterie und begab sich nach Lindau am Bodensee, wo sie im Sommersitz ihrer Familie, *Villa Toscana*, vorübergehend eine neue Bleibe fand. Dennoch hatte sich das Verhältnis zu ihren Eltern nicht gebessert. Das Wiedersehen mit der Mutter verlief ausgesprochen frostig.

Das Leben mit Tochter Anna Monica Pia

In Lindau brachte Luise am 4. Mai 1903 eine gesunde Tochter zur Welt, die auf den Namen Anna Monica Pia getauft wurde. Kronprinz Friedrich August erkannte die Vaterschaft des Kindes an, auch wenn er heimlich seine Zweifel gehabt haben dürfte. Doch das Gesetz sah es genauso vor und auch der Schein musste schließlich gewahrt bleiben. Außerdem wollte er seine fünf Kinder wohl nicht mit der Tatsache konfrontieren, dass ihre Mutter eine peinliche Affäre mit einem Bürgerlichen gehabt hatte, eine Affäre, die nicht ohne Folgen geblieben war.

Entsprechend großzügig wurden Mutter und Tochter versorgt. Friedrich August bestand zwar darauf, dass Anna Monica Pia später am sächsischen Hof erzogen werden sollte, doch zumindest ein ganzes Jahr lang durfte sie noch bei ihrer Mutter bleiben. Für diesen Zeitraum zahlte er für das Kind 3000 Mark Unterhalt und Luise eine jährliche Apanage von 30 000 Mark. Als Gegenleistung musste sie ihren Exmann regelmäßig über den Aufenthaltsort ihres Kindes informieren und die Kleine von einer vom sächsischen Königshof bestimmten Kinderfrau betreuen lassen. Was die Informationen über den jeweiligen Aufenthaltsort betraf, so hatte Luise alle Hände voll zu tun. Im idyllischen Lindau hielt sie es nur sechs Wochen aus. Dann begann sie – ähnlich wie die selige Kaiserin Sisi – eine wahre Odyssee durch ganz Europa: Zunächst zog es sie nach Frankreich, wo eine Freundin ihrer Mutter ein kleines Schloss bei Lyon besaß. Dann ging es weiter auf die Isle of Wight, hier mietete Luise eine komfortable Villa an. Anfang Juni 1904 kehrten Mutter und Tochter nach Deutschland zurück und lebten vorübergehend auf Schloss Wartegg am Bodensee, das ihnen ein Onkel für die Sommermonate zur Verfügung gestellt hatte.

Inzwischen hatte Anna Monika Pia bereits ihren ersten Geburtstag gefeiert, ohne dass Friedrich August auf der Einhaltung der Abmachung bestanden und das Kind nach Dresden geholt hätte. Am 15. Oktober 1904 starb Georg von Sachsen und Friedrich August III. bestieg als neuer König den Thron. Unter anderen Umständen wäre Luise jetzt Königin gewesen, und offenbar bereute sie auch, dass es nicht so war. Ein Bericht der „Dresdner Nachrichten" vom 26. Oktober machte aber alle diesbezüglichen Hoffnungen zunichte: *Es besteht nicht die entfernteste Aussicht, dass es jemals wieder zu einer Vereinigung kommen könnte. Der König hat vor und nach dem Tod seines Vaters in der allerbestimmtesten Weise erklärt, dass er für alle Zeiten eine Annäherung von jener Seite von sich weise. Jeder Einsichtige weiß, dass der König eine andere Haltung niemals einnehmen kann.*

Zu diesen „Einsichtigen" gehörte Luise offenbar nicht, denn im Dezember 1904 tauchte sie plötzlich in Dresden auf, um mit Friedrich August zu sprechen. Doch der König war nicht da, das Schloss von der Polizei umzingelt und Luise musste unverrichteter Dinge wieder abreisen.

Inzwischen hatte sie für sich und ihre Tochter eine Villa in Fiesole bei Florenz gemietet. Obwohl er das Kind am liebsten zu sich nach Dresden geholt hätte, sicherte Friedrich August seiner Exfrau noch einmal vertraglich zu, dass Anna Monica Pia bis zum 1. Mai 1906 in ihrer Obhut bleiben durfte. Bis dahin wollte er für das Kind jährlich 2000 Mark zahlen, während Luises Apanage auf 40 000 Mark erhöht wurde. Tatsächlich aber verzögerte sich die Übergabe der Tochter noch ein weiteres Mal – bis Luise die höfische Welt schon wieder schockierte.

Signora Toselli

Bislang waren zwar diffuse Gerüchte über mögliche Liebschaften herumgeschwirrt, doch offenbar hatte Luise seit der Trennung von Giron und der Geburt ihrer Tochter keine neue Affäre gehabt, von ein paar harmlosen Flirts abgesehen. Doch dann lernte sie im Herbst 1906 jenen „italienischen Geiger" kennen, den Erich Kästner in seinen Kindheitserinnerungen irrtümlich für den Scheidungsgrund gehalten hatte: Enrico Toselli (1883–1926). Toselli, damals 23 Jahre alt (oder besser gesagt: jung), war ein recht erfolgreicher Pianist (!) aus Florenz, der ein paar hübsche Stücke kompo-

Die Eskapaden der sächsischen Kronprinzessin Luise   185

niert hatte, darunter auch die „Toselli-Serenade", die bisweilen noch heute
gespielt wird. Rein äußerlich hatte er mit seiner schlanken Figur und den
dunklen lockigen Haaren wohl ein wenig Ähnlichkeit mit André Giron,
auch das gleiche Alter wie der verflossene Liebhaber. Allerdings scheint er
es gewesen zu sein, der sich Hals über Kopf in die ehemalige Prinzessin verliebte: *Ein göttlicher Funke hatte sich getroffen*, beschrieb er den *coup de
foudre* auf poetische Weise. Doch auch die inzwischen 36-jährige Luise war
von dem gut aussehenden Italiener sehr angetan und schon bald wurden
die beiden ein Paar. Als Luise wenige Monate spürte, dass die erneut
schwanger war, war es für Toselli selbstverständlich, seine Geliebte möglichst rasch zum Standesamt zu führen. Sie heirateten am 26. September
1907.

Doch die Ehe stand unter keinem guten Stern. Zunächst einmal war sie
der Grund für den endgültigen Bruch mit Luises Eltern: *Meine zweite Ver-
mählung entfremdete mich meinen Eltern, die als strenge Katholiken ... den
Gedanken an eine zweite Ehe verwarfen*, heißt es in ihren Erinnerungen. Das
ging so weit, dass Luise noch nicht einmal über den Tod ihres Vaters infor-
miert wurde, sondern in der Zeitung lesen musste, dass Ferdinand von Toscana am 17. Januar 1908 gestorben war. Und noch schlimmer: Jetzt musste
sie sich endgültig von ihrer Tochter trennen und die Vierjährige an Friedrich August übergeben. Das Kind wurde künftig als Prinzessin Anna von
Sachsen erzogen und hatte zur Mutter nur noch sporadischen Kontakt.

Hinzu kam: Luise war für eine bürgerliche Ehe in keiner Weise geschaffen. Ehemann und Schwiegereltern aber erwarteten von ihr, dass sie
nunmehr ihre Pflichten als Hausfrau erfüllte, so wie es in diesen Kreisen
üblicherweise der Fall war. Doch das hatte Luise nie gelernt. Sie konnte
weder kochen noch waschen und erst recht nicht mit Geld umgehen, denn
als Prinzessin war sie es gewohnt gewesen, anfallende Rechnungen einfach
an die Bediensteten weiterzureichen. Das war jetzt natürlich nicht mehr
möglich. Während der verliebte Ehemann noch einige Zeit bereit war, ein
Auge zuzudrücken, tobte die Schwiegermutter und die unerfreulichen
Szenen in der *Villa Bianca* in Fiesole häuften sich. Aber auch Toselli reagierte
zunehmend genervt, denn in der angespannten Atmosphäre konnte er sich
kaum auf seine Musik konzentrieren. Der berufliche Erfolg blieb aus und
die Haushaltskasse leer.

Die Geburt des Sohnes Carlo Emmanuele Filiberto, der am 7. Mai 1908 das Licht der Welt erblickte, konnte die Gegensätze noch einmal für kurze Zeit überbrücken, bevor sie mit Macht wieder zum Durchbruch kamen. Das gemeinsame Leben wurde immer schwieriger. Bald hielt es Luise in Fiesole bei den Schwiegereltern nicht mehr aus, nahm das unstete Wanderleben wieder auf und zerrte Mann und Kind von einem Wohnsitz zum nächsten. Schließlich lebten die drei dauerhaft in einem Hotel, weil die frühere Prinzessin die bürgerliche Häuslichkeit einfach nicht mehr ertrug.

Schon 1909 gab es erste Trennungsgerüchte, doch erst drei Jahre später wurde die Scheidung tatsächlich vollzogen. Carlo Emmanuele Filiberto, der gemeinsame Sohn wurde dem Vater zugesprochen und der Obhut der fürsorglichen Großeltern übergeben.

In ihren Erinnerungen *Mein Lebensweg*, die Luise 1911 verfasst hat, verliert sie über ihre Ehe mit Toselli kein einziges Wort. Im Wesentlichen stellt sie sich in diesem Buch als unschuldiges Opfer einer eiskalten sächsischen Königsfamilie dar. Das Buch endet mit der Übergabe ihrer Tochter an Friedrich August und schließt mit der Hoffnung: *Glanz und Schatten des Lebens habe ich kennen gelernt, die Höhen des Glücks habe ich erreicht, in die Tiefen des Schmerzes bin ich hinab gestiegen, doch mein Blick wendet sich jetzt vertrauensvoll der helleren Zukunft zu, die mir entgegenleuchtet.*

Trauriges Ende

Doch die Hoffnung auf eine „hellere Zukunft" war nichts als ein schöner Traum, sieht man einmal davon ab, dass Luise auch weiterhin mit der großzügigen Unterstützung durch Friedrich August III. rechnen konnte. Die wenigen Informationen, die wir über ihr weiteres Leben noch haben, sind leider recht spärlich. Nach der Scheidung von Toselli unternahm Luise noch einige Reisen, bevor sie sich ein kleines Haus in Ixelles mietete, einem Vorort von Brüssel. Wollte sie auf diese Weise ihrer alten Liebe André Giron wieder näherkommen? Wenn ja, dann hat sich auch diese Hoffnung nicht erfüllt. Die Spur des früheren Hauslehrers verliert sich im Irgendwo.

Finanziell ging es Luise so gut, dass sie sich immerhin noch zwei Dienstboten leisten konnte. Das blieb viele Jahre so, auch während des Ersten Weltkriegs und nach dem Zusammenbruch der Monarchie. Friedrich August, Sachsens ehemaliger König, verließ Dresden nach seiner Abdankung

Die Eskapaden der sächsischen Kronprinzessin Luise 187

am 8. November 1918 und verbrachte den Rest seines Lebens als wohlhabender Privatmann im schlesischen Sibyllenort. So endete die Herrschaft der Wettiner, die mehr als 800 Jahre lang an der Macht gewesen waren, länger als jede andere deutsche Dynastie. Dennoch fanden die Kinder standesgemäße Ehepartner. Prinzessin Anna Monica Pia (1903–1976) heiratete 1924 Erzherzog Franz Joseph von Habsburg, während sich ihre ältere (Halb-) Schwester Margarethe (1900–1962) mit Friedrich von Hohenzollern-Sigmaringen vermählte.

Als Friedrich August am 18. Februar 1932 im Alter von 67 Jahren an den Folgen eines Schlaganfalls starb, zeigte sich seine Großzügigkeit auch über den Tod hinaus, denn er ließ Luise weiterhin eine ausreichende Rente zukommen. Doch dann machte der Zweite Weltkrieg alle Aussichten der früheren Kronprinzessin auf einen sorgenfreien Lebensabend zunichte. Die monatlichen Zahlungen versiegten allmählich, bevor sie schließlich infolge des verlorenen Krieges und der Enteignung des ostdeutschen Adels ganz eingestellt wurden. Das bedeutete für Luise, dass sie als alte Frau zum ersten Mal in ihrem Leben ganz auf sich allein gestellt war. Zwar erhielt sie Unterstützung von Freunden, die ihr hin und wieder Pakete mit Lebensmitteln schickten. Doch davon allein konnte sie nicht leben, und so war sie gezwungen, sich als Blumenfrau einigermaßen über Wasser zu halten. Der Kontakt zu ihren Kindern war längst abgerissen.

Am 23. März 1947 starb Luise völlig verarmt in ihrer Wohnung in Ixelles und fand auf dem dortigen Friedhof ihre vorläufig letzte Ruhestätte. Sechs Jahre nach ihrem Tod, nach der Auflösung des Friedhofs, wurden ihre sterblichen Überreste auf Betreiben ihrer Tochter Margarethe schließlich in die Begräbniskirche der Fürsten von Hohenzollern nach Sigmaringen-Hedingen überführt. Der große Skandal, den Sachsens frühere Kronprinzessin einst ausgelöst hatte, war nach mehr als einem halben Jahrhundert längst in Vergessenheit geraten.

Literatur

Kulturgeschichtliche Werke zu Liebe und Sinnlichkeit
Ballhaus, Alexander, Liebe und Sex im Mittelalter, Bergisch Gladbach 2009
Bataille, Georges, Die Erotik, München 1994
Fromm, Erich, Die Kunst des Liebens, München 2001
Leibbrand-Wettley, Annemarie/Leibbrand, Werner, Formen des Eros. Kultur- und
    Geistesgeschichte der Liebe, 2 Bde., Freiburg/München 1972
Mahlmann, Regina, Was verstehst du unter Liebe? Ideale und Konflikte von der
    Frühromantik bis heute, Darmstadt 2003

Abaelard und Heloise
Anders, Sabine/Maier, Katharina (Hg.), „Nimm meine Seele auf und trinke sie …"
    Liebesbriefe großer Frauen, Wiesbaden 2009
Brost, Eberhard (Hg.), Die Leidensgeschichte und der Briefwechsel mit Heloise,
    Darmstadt 2004
Clanchy, Michael T., Abaelard. Ein mittelalterliches Leben, Darmstadt 2000
Pernoud, Régine, Heloise und Abaelard. Ein Frauenschicksal im Mittelalter,
    München 2000
Zitzl, Christian u. a. (Hg.), Abaelard und Heloise. Die Tragik einer großen Liebe,
    Bamberg 2007

Alexander Borgia
Hermann, Horst, Die heiligen Väter. Päpste und ihre Kinder, Berlin 2004
Reinhardt, Volker, Der unheimliche Papst. Alexander VI. Borgia 1431–1505, Mün-
    chen 2005
Ders., Die Borgia. Geschichte einer unheimlichen Familie, München 2013
Schüller-Piroli, Susanne, Die Borgia-Dynastie. Legende und Geschichte, München
    1982
Uhl, Alois, Papstkinder. Lebensbilder aus der Zeit der Renaissance, München 2008

Diana von Poitiers

Craveri, Bernadette, Königinnen und Mätressen. Die Macht der Frauen von Katharina von Medici bis Marie Antoinette, München 2010

Hartmann, Peter Claus (Hg.), Französische Könige und Kaiser der Neuzeit, München 1994

Jurewitz-Freischütz, Sylvia, Die Herrinnen der Loire-Schlösser, München 2006

Yourcenar, Marguerite, Chenonceaux. Schloss der Frauen, München 2003

August der Starke

Alexander, Manfred, Kleine Geschichte Polens, Stuttgart 2003

Czok, Karl, August der Starke und seine Zeit. Kurfürst von Sachsen und König von Polen, München 2006

Delau, Reinhard, August der Starke und seine Mätressen, Dresden 2005

Groß, Rainer, Geschichte Sachsens, Leipzig 2007

Hoffmann, Gabriele, Constantia von Cosel und August der Starke. Die Geschichte einer Mätresse, Bergisch Gladbach 1884

Krauss-Meyl, Sylvia, „Die berühmteste Frau zweier Jahrhunderte". Maria Aurora Gräfin von Königsmarck, Regensburg 2012

Karoline Mathilde

Barz, Paul, Der Leibarzt des Königs. Die Geschichte des Doktor Struensee, Berlin 2002

Findeisen, Jörg-Peter, Dänemark. Von den Anfängen bis zur Gegenwart, Regensburg 1999

Grashoff, Udo, Johann Friedrich Struensee. Arzt, Staatsmann, Geliebter der Königin, Halle/Saale 2008

Leitner, Thea, Skandal bei Hof. Frauenschicksale an europäischen Königshöfen, München 1993

Philipps, Carolin, Königin Caroline Mathilde von Dänemark. Die Geliebte des Leibarztes, München 2005

Katharina die Große

Donnert, Erich, Katharina die Große (1729–1796). Kaiserin des russischen Reiches, Regensburg/Darmstadt 1998

Ders., Russland (860–1917), Regensburg 1998

Jena, Detlef, Potemkin. Favorit und Feldmarschall Katharinas der Großen, München 2011

Katharina II., Erinnerungen der Kaiserin Katharina von ihr selbst geschrieben, Stuttgart 1907

Olivier, Dana, Elisabeth von Russland. Die Tochter Peters des Großen, Wien 1963

Literatur

Preußenkönig Friedrich Wilhelm II.
Abenstein, Edelgard, Die Mätresse des Königs. Gräfin Lichtenau alias Wilhelmine Encke, Berlin 2006
Feuerstein-Praßer, Karin, Die preußischen Königinnen, Regensburg 2000
Hagemann, Alfred, Wilhelmine von Lichtenau. Von der Mätresse zur Mäzenin, Köln 2007
Maier, Brigitte, Friedrich Wilhelm II. König von Preußen. Ein Leben zwischen Rokoko und Revolution, Regensburg 2007
Voß, Sophie Maria Gräfin von, Neunundsechzig Jahre am preußischen Hof, Berlin 2005

Goethe
Damm, Sigrid, Christiane und Goethe, Frankfurt am Main 1998
Diess. (Hg.), Behalte mich ja lieb. Christianes und Goethes Ehebriefe, Frankfurt am Main 1998
Ghibellino, Ettore, Johann Wolfgang Goethe und Anna Amalia – eine verbotene Liebe?, Weimar 2007
Maurer, Doris, Charlotte von Stein. Eine Biografie, Frankfurt am Main 1997
Salentin, Ursula, Anna Amalia. Wegbereiterin der Weimarer Klassik, München 2007

Adele Schopenhauer
Büch, Gabriele, Alles ist Traum. Adele Schopenhauer. Eine Biografie, Berlin 2002
Dietz, Monika/Mauer, Doris, Annnette von Droste-Hülshoff und ihre Freundinnen, Bietigheim-Bissingen 2006
Donner, Elka, Köln in alten und neuen Reisebeschreibungen, Düsseldorf 1990
Steidele, Angela, Geschichte einer Liebe. Adele Schopenhauer und Sibylle Mertens, Berlin/Frankfurt 2010

Ludwig I. und Lola Montez
Bonk, Sigmund/Schmidt, Peter, Königreich Bayern. Facetten bayerischer Geschichte 1806–1918, Regensburg 2005
Conte Corti, Egon Cäsar, Ludwig I. von Bayern, München 1993
Konstantin Prinz von Bayern, Des Königs schönste Damen. Aus der Schönheitengalerie Ludwigs I., München 1986
Lola Montez, Memoiren der Lola Montez, Frankfurt am Main 1986
Panzer, Marita A., Lola Montez. Ein Leben als Bühne, Regensburg 2014
Reiser, Rudolf, König und Damen. Ludwig I. und seine 30 Mätressen, München 1999

Eduard VII. von England

Brook-Shepard, Gordon, Edward VII. Ein europäischer Herrscher, München 1980

Cowles, Virginia, Der lebenslustige König. Freud und Leid Eduards VII. von England, Frankfurt am Main 1957

Panzer, Marita A., Englands Königinnen. Von den Tudors zu den Windsors, Regensburg 2001

Urbach, Karina, Queen Victoria. Eine Biografie, München 2011

Wende, Peter (Hg.), Englische Könige und Königinnen. Von Heinrich VII. bis Elisabeth II., München 1998

Luise von Toscana

Bestenreiner, Erika, Luise von Toscana. Skandal am Königshof, München 2000

Fellmann, Walter, Sachsens letzter König Friedrich August III., Berlin 1992

Luise von Österreich-Toscana, Mein Lebensweg, Dresden 2001

Seydel, Robert, Die Seitensprünge der Habsburger, Wien 2007

Toselli, Enrico, Meine Ehe mit Luise von Toskana, Basel 1914

Abbildungsnachweis

akg-images: S. 2, 22, 27, 44, 94, 110, 128, 144, 160, 174; WBG-Archiv: S. 34, 54, 62, 68, 78